5.  EDICIJA:
SAMOUPRAVLJANJE U
TEORIJI I PRAKSI

I0439473

Dr ŽIVKO MARKOVIĆ

SAMOUPRAVNA AKCIJA U MESNOJ ZAJEDNICI

RADNIČKI UNIVERZITET
»VELJKO VLAHOVIĆ«
SUBOTICA, 1976.

Izdaje:

RADNIČKI UNIVERZITET
»VELJKO VLAHOVIĆ«
SUBOTICA

Trg cara Jovana Nenada 15

Za izdavača:

MIHALJ ĐOLAI

Urednik:

DRAGUTIN MILJKOVIĆ

Recenzenti:

Dr RADOŠ SMILJKOVIĆ
Dr PREDRAG RADENOVIĆ

SADRŽAJ

UVOD

Za relativno kratko vreme mesna zajednica je postala jedan od najznačajnijih oblika samoupravnog organizovanja jugoslovenskog društva. Ustavom SFRJ 1963. godine mesna zajednica je predviđena kao fakultativni oblik zadovoljavanja neposrednih potreba građana, a već nakon jedne decenije ona je Ustavom 1974, zajedno s osnovnom organizacijom udruženog rada, uspostavljena kao **osnovna** samoupravna zajednica iz koje se izvodi samoupravno organizovanje celog društva. U većini mesta mesne zajednice su u vreme donošenja novog Ustava bile ne samo konstituisane, već i potpuno spremne da preuzmu nove ustavne funkcije.

Već dosadašnje iskustvo pokazuje da se mesna zajednica može razvijati kao oblik samoupravnog organizovanja samo putem organizovane akcije socijalističkih snaga. Radi bližeg određenja, ova akcija može se nazvati samoupravnom akcijom. Ovde će biti učinjen pokušaj da se ona, na bazi teorijsko-empirijskog izučavanja, potpunije definiše, kako bi se dali odgovori na aktuelna pitanja samoupravne prakse.

Poznato je da su se u pogledu samoupravnog razvoja mesne zajednice javljale razne dileme, koje su, manje ili više, otežavale samoupravnu akciju. One su dovodile u pitanje bilo potrebu organizovane akcije uopšte, bilo ulogu pojedinih društvenih činilaca u toj akciji. Naučni odgovor na ove dileme može doprineti da akcija za razvoj samoupravljanja u mesnoj zajednici postane šira i odlučnija.

Polaznu metodološku osnovu ovog rada čini saznanje da je samoupravljanje permanentna revolucija; da se ono, zbog toga, ne može razvijati bez organizovane akcije; da ova akcija ima opštedruštveni karakter; i da u njoj sve socijalističke snage moraju delovati kao jedinstven samoupravni pokret. Pošto je mesna zajednica integralni deo samoupravnog sistema, prirodno je da se ove pretpostavke i na nju odnose. Institucije koje mesna zajednica nasleđuje ne ukidaju se, ali se bitno menja njihova uloga, način organizovanja i delovanja.

Jedan od ciljeva istraživanja je da utvrdi zakonitosti ovih promena, i na taj način odredi osnovne parametre za njihovo koncipiranje i usmeravanje. Menjanje institucija nije, međutim, samo sebi cilj i ima smisla samo ako je u funkciji razvoja samoupravnih odnosa. To pretpostavlja da se institucije mesne zajednice menjaju prema potrebama samoupravne akcije, koja ima za cilj kako ostvarivanje već izvojevanih samoupravnih prava, tako i stalno dalje razvijanje samoupravnih odnosa.

Pod samoupravnom akcijom podrazumeva se organizovano delovanje svih socijalističkih snaga usmereno na ostvarivanje samoupravljanja i razvijanje samoupravnih odnosa. U mesnoj zajednici se ovo delovanje vrši, pre svega, kroz oblike samoupravnog organizovanja i društveno-političke organizacije udružene u mesnu organizaciju Socijalističkog saveza. Od posebnog je značaja da se sagledaju mogućnosti organizovanog delovanja radničke klase kroz ove oblike, koje je, u krajnjoj liniji, odlučujuće za razvoj samoupravljanja.

U početnoj fazi samoupravnog razvoja mesne zajednice javljale su se dileme u vezi s ulogom i međusobnim odnosima pojedinih oblika organizovanja socijalističkih snaga. Ispoljavana su dosta različita shvatanja o društvenom položaju i ulozi mesne zajednice, njenim odnosima s drugim samoupravnim zajednicama i organizacijama. Novi Ustav SFRJ (1974. godine) je u osnovi razjasnio ova pitanja, ali njegova primena nailazi na otpore nesamoupravnih tendencija koje se samo revolucionarnom akcijom mogu prevladati. Za ovu akciju potrebno je teorijsko i političko razobličavanje takvih tendencija, koje može znatno doprineti razjašnjavanju društvene suštine ustavnih principa.

Izučavanje mesne zajednice uopšte još predstavlja pionirski posao. Gotovo da nije bilo ozbiljnijih istraživačkih poduhvata koji bi ulazili u suštinu praktičnih problema. Pogotovu je malo izučavana samoupravna akcija u mesnoj zajednici. Institucionalistički pristup, koji je prisutan u pojedinim radovima, ne može dati odgovor na aktuelna pitanja borbe za samoupravljanje.

Samoupravna akcija ne može se objasniti bez odgovarajućeg dijalektičkog pristupa koji doseže do osnovnih protivrečnosti društvenog razvoja. Ovde su primenjene tri bitne komponente takvog metoda: posmatranje mesne zajednice u interakciji s ostalim samoupravnim zajednicama i društvenom zajednicom u celini; analiza njenog razvojnog procesa; i otkrivanje objektivnih protivrečnosti koje u ovom procesu nastaju. To je omogućilo da se utvrde osnovne determinante samoupravne akcije koja se bitno razlikuje od revolucionarne akcije na osvajanju vlasti.

Osnovu istraživanja predstavljala je, u stvari, analiza dosadašnjeg razvoja mesnih zajednica u Jugoslaviji. Za analizu su korišćeni, uglavnom, sledeći izvori: dokumenti koji se odnose na rad mesnih zajednica i organizacija; materijali sa raznih skupova na kojima je raspravljano o problemima mesnih zajednica; članci i beleške iz listova i časopisa, posebno iz lista »Mesna zajednica«; »dopisni seminar« o mesnoj zajednici u izdanju NP »Porodica i domaćinstvo«; i empirijsko istraživanje na uzorku od 25 mesnih zajednica iz 13 opština u Vojvodini.

I SAMOUPRAVNA FUNKCIJA MESNE ZAJEDNICE

Mesna zajednica se, kao i svaka druga zajednica, obrazuje u cilju zadovoljavanja određenih zajedničkih potreba. Da bi se odredila njena funkcija u samoupravnom društvenom sistemu, potrebno je najpre definisati odgovarajući (samoupravni) način zadovoljavanja zajedničkih potreba. Samoupravno zadovoljavanje zajedničkih potreba se po svojoj prirodi bitno razlikuje od načina njihovog zadovoljavanja u uslovima klasične državne zajednice. Ova razlika predstavlja istorijsku neminovnost koja nastaje kao rezultat vekovnog razvoja ljudske civilizacije. Samoupravljanje nastaje i razvija se zbog toga što sistem klasične državne organizacije ne može više da obezbeđuje zadovoljavanje društvenih potreba.

ZAJEDNIČKE POTREBE I NAČIN NJIHOVOG ZADOVOLJAVANJA

Udruživanje u cilju zadovoljavanja zajedničkih potreba čini osnovu društvenog života. Životne potrebe čoveka su po svojoj prirodi zajedničke pa, za to ljudska individua ne može da egzistira usamljena. Da bi zadovoljio vlastite potrebe, čovek mora da stupa u odnose s drugim ljudima. U svesnom udruživanju s drugima i leži suština njegovog ljudskog bića.

Jednu od osnovnih karakteristika razvoja ljudske civilizacije predstavlja razvoj zajedničkih potreba koji vodi stvaranju sve širih društvenih zajednica. Sve razvijenije zajedničke potrebe su ljudsko društvo od malobrojne i zatvorene rodovske zajednice dovele do višemilionske države koja se već toliko integrisala u međunarodnu zajednicu da izvan nje više ne može egzistirati. Danas je ljudski rod već toliko povezan zajedničkim interesima da se ni jedna civilizovana zajednica ne može razvijati izolovano i nezavisno od ostalih, a moć svake od tih zajednica je utoliko veća ukoliko su njene veze sa spoljnim svetom razvijenije.

S prelaskom iz klasnog u besklasno društvo nastaju i duboke kvalitativne promene u zadovoljavanju zajedničkih potreba. Raspolažući sredstvima za proizvodnju, vladajuća klasa raspolaže i sredstvima za društvene potrebe koje, zbog toga, ne mogu zajednički da se zadovoljavaju. Vladajuća klasa društvene potrebe zadovoljava, međutim, samo utoliko ukoliko se one podudaraju s njenim vlastitim interesima. Otuđivanjem viška vrednosti pripadnici eksploatisanih klasa ostaju bez sredstava za zajedničke potrebe, a time i bez osnovnog uslova društvene egzistencije. Jedini motiv njihovog udruživanja je borba za oslobođenje od ropske potčinjenosti, ali vladajuća klasa nastoji da putem državne prinude i to onemogući.

S podržavljenjem sredstava za proizvodnju započinje proces prevazilaženja klasnih suprotnosti, ali društvene potrebe još ne mogu da se zadovoljavaju zajednički, jer sredstvima raspolaže država koja se postavlja iznad društvene zajednice. Pripadnici takve zajednice nemaju mogućnosti da se direktno udružuju, pa se pred državom pojavljuju kao atomizirani individuumi. S otuđivanjem sredstava otuđuje se i zadovoljavanje zajedničkih potreba o kojem u ime društva brine država.

Mesna zajednica kao samoupravna asocijacija ne može nastati i razvijati se u uslovima potpuno podržavljenog društva. U periodu etatizma kroz koji je Jugoslavija prošla slobodno udruživanje građana u cilju zadovoljavanja zajedničkih potreba predstavljalo je redak izuzetak.[1] O društvenim potrebama starali su se državni organi koji su politiku njihovog zadovoljavanja vodili nezavisno od građana. Etatistički način zadovoljavanja društvenih potreba isključuje kolektivnu društvenu akciju. Društveno povezivanje vrši se po vertikali putem hijerarhijske subordinacije kojom se obuhvataju svi društveni subjekti. Društvena aktivnost pripadnika takve zajednice ne može direktno da se povezuje u zajedničke akcije, već se centralistički usmerava prema ciljevima koji se posrednički utvrđuju. Time se društvena akcija faktički otuđuje od svojih nosilaca i petvara u silu iznad društva.

Mesna zajednica nastala je u uslovima decentralizacije državnog odlučivanja kojom su stvarane određene pretpostavke i za razvoj samoupravljanja. Proširivanjem nadležnosti opštine na račun širih društveno-političkih zajednica stvarane su mogućnosti da se jedan deo tih nadležnosti prenese na još uže zajednice unutar opštine. O zajedničkim potrebama jednog naselja nisu morali brinuti organi opštine kad je to moglo činiti samo naselje konstituisano kao mesna zajednica.

Na taj način mesna zajednica nastala je kao rezultat vertikalne podele nadležnosti u procesu decentralizacije vlasti. Njene kompetencije ograničene su na lokalne potrebe naselja, dok su zajedničke potrebe opštine i širih društveno-političkih zajednica ostale u isključivoj nadležnosti njihovih predstavničkih organa. Ovakav status mesne zajednice bio je određen i samim Ustavom. Prema članu 104. Ustava SFRJ iz 1963. godine, »u mesnoj zajednici kao samoupravnoj zajednici građana seoskih i gradskih naselja, građani neposredno ostvaruju sa-

---

[1] Na području većine ispitivanih mesnih zajednica do njihovog stvaranja nije zajedničkom akcijom građana izgrađen ni jedan objekat. Objekti društvenog standarda građeni su uglavnom iz sredstava državnog budžeta i radnih organizacija.

moupravljanje u oblasti delatnosti koje služe **neposrednom** (podv. Ž. M.) zadovoljavanju potreba radnih ljudi i njihovih porodica«. Ova odredba dosledno je sprovedena u republičkim ustavima, ustavnim zakonima pokrajina i statutima opština i mesnih zajednica. Normativnim aktima su, dakle, nadležnosti mesne zajednice bile ograničene na pitanja koja su vezana samo za neposredno zadovoljavanje potreba radnih ljudi. Prema statutima jednog broja mesnih zajednica i opština u nadležnost mesne zajednice spadali su, uglavnom, sledeći poslovi: izgradnja i održavanje komunalnih objekata, zdravstvenih i dečjih ustanova; osnivanje servisa, ustanova, radnji i preduzeća za obavljanje usluga građanima; održavanje i unapređivanje društvene ishrane; zaštita od elementarnih nepogoda; organizacija opštenarodne odbrane; briga o socijalnoj i zdravstvenoj zaštiti; staranje o unapređenju poljoprivredne proizvodnje i saradnji između zemljoradničkih zadruga i individualnih proizvođača; organizacija poljočuvarske službe; pružanje pomoći u zapošljavanju; pružanje pomoći u opismenjavanju odraslih. Što se tiče pitanja koja su u nadležnosti opštine, pojedinim statutima je bilo predviđeno samo davanje predloga i pružanje pomoći u radu opštinskih organa.

U praksi su mesne zajednice, uglavnom, i delovale u skladu s normativno utvrđenim nadležnostima. One su pretežno i shvatane i stvarane kao institucije za zadovoljavanje lokalnih potreba. Problemi lokalnog značaja bili su njihova osnovna a često i jedina preokupacija. U mnogim mesnim zajednicama nikada nije raspravljano o pitanjima koja izlaze iz okvira njihove nadležnosti. Štaviše, postojale su snažne tendencije da mesna zajednica trajno zadrži takvu poziciju.

Većina zajedničkih potreba građana prevazilazi, međutim, okvire mesne jedne zajednice.

O njima se može odlučivati samo na nivou opštine i širih društveno-političkih zajednica. U etatističkoj podeli nadležnosti mesna zajednica ne može da ima gotovo nikakav uticaj na ovo odlučivanje. Zbog toga su sa širenjem aktivnosti mesne zajednice sve više jačale tendencije da se ona razvija kao samoupravna asocijacija u kojoj će građani neposredno učestvovati u dogovaranju o svim zajedničkim, a ne samo lokalnim potrebama.

Ustavom SFRJ iz 1974. otvorena je široka perspektiva upravo za takav razvoj mesne zajednice. Prema članu 114. Ustava »u mesnoj zajednici radni ljudi i građani odlučuju o ostvarivanju svojih zajedničkih interesa i o solidarnom zadovoljavanju zajedničkih potreba u oblastima uređivanja naselja, stanovanja, komunalnih delatnosti, dečije i socijalne zaštite, obrazovanja, kulture, fizičke kulture, zaštite potrošača, zaštite i unapređivanja čovekove sredine, narodne odbrane, društvene samozaštite, kao i drugim oblastima života i rada«, i »učestvuju u vršenju društvenih poslova i u odlučivanju o pitanjima od zajedničkog interesa u opštini i širim društveno političkim zajednicama«.

Mesna zajednica je time, zajedno s osnovnom organizacijom udruženog rada, postavljena kao osnova celokupnog samoupravnog sistema. Udruživanjem mesnih zajednica i osnovnih organizacija udruženog rada konstituišu se sve samoupravne asocijacije i društvena zajednica u celini. Iz njih izrasta ceo sistem samoupravne socijalističke demokratije, putem kojeg se ostvaruje neposredna vlast radničke klase.

Mesna zajednica i osnovna organizacija udruženog rada su, u stvari, samo različiti oblici samoupravnog organizovanja radničke klase. U osnovi isti subjekti se javljaju kao nosioci vlasti i u jednoj i u drugoj zajednici. Mesna zajednica može delovati kao samoupravna asocijacija samo na bazi neposrednog ostvarivanja interesa radničke klase. To upravo i jeste odlučujuća pretpostavka da ona zajedno sa osnovnom organizacijom udruženog rada čini osnovu jedinstvenog samoupravnog sistema.

Kroz osnovnu organizaciju udruženog rada i mesnu zajednicu radni ljudi sagledavaju sve zajedničke potrebe i neposredno se dogovaraju o njihovom zadovoljavanju. Sve ostale odluke izvode se iz neposrednih dogovora u mesnoj i radnoj zajednici. Sa razvojem samoupravljanja nestaju otuđeni centri društvene moći, iz kojih se posrednički određuju društvene potrebe i stara o njihovom zadovoljavanju.

Ali sve dok su ograničene materijalne mogućnosti zadovoljavanja zajedničkih potreba dolaziće do konfrontacije različitih interesa koji se ne mogu istovremeno ostvariti. Zbog toga donošenju samoupravnih odluka mora prethoditi idejno-politička aktivnost, putem koje će se osvetljavati klasna priroda pojedinih interesa i utvrđivati autentični interes radničke klase, odnosno zajednički interes većine samoupravljača. Protivrečnosti različitih interesa mogu se uspešno razrešavati samo ako u takvoj aktivnosti neposredno učestvuju svi članovi mesne zajednice, to jest ako se na demokratski način konfrontiraju stavovi koji te interese izražavaju.

Otuda društveno-političke organizacije moraju delovati kao integralni deo mesne zajednice, ili tačnije, kao oblik demokratskog organizovanja radnih ljudi samoupravno udruženih u mesnu zajednicu. Njihova primarna funkcija je da stvaraju idejno-političku osnovu samoupravnih odluka i na taj način obezbeđuju ostvarivanje zajedničkih odnosno klasnih interesa. U tom smislu, aktivnost društveno-političkih organizacija može se shvatiti kao sastavni deo samoupravne aktivnosti. Organizovane samoupravne akcije, u stvari, i ne može biti bez pokretačke i usmeravajuće uloge društveno-političkih organizacija.

To je istovremeno osnovna pretpostavka da društveno-političke organizacije deluju kao imanentna snaga samoupravnog razvoja mesne zajednice. Ovaj razvoj jedino i mogu nositi sami članovi mesne zajednice, udruženi u jedinstveni front socijalističkih snaga i rukovođeni opštim ciljevima samoupravnog pokreta. Štaviše, imanentna revolucionarna mobilnost osnovnih samuopravnih zajednica postaje uslov samoupravnog razvoja društvene zajednice u celini.

Uspostavljanjem integralnog sistema samoupravljanja stvoreni su neophodni društveni uslovi i za jedinstveno delovanje samopuravnog pokreta. Dok je uloga mesne zajednice svođena na zadovoljavanje lokalnih potreba, društveno-političke organizacije su se nalazile u protivrečnoj poziciji da istovremeno deluju kao činilac njene samoupravne aktivnosti i kao faktor posredovanja u ostvarivanju državne vlasti. Mesne organizacije su morale, s jedne strane, samostalno da se angažuju na razvijanju samoupravnih odnosa u mesnoj zajednici, a, s druge strane, da se po direktivama bore za realizaciju odluka koje su donošene posrednički.

Ovakva pozicija mesnih organizacija objektivno je sputavala njihovu aktivnost na razvijanju samoupravljanja. Ni jedna od ispitivanih organizacija nikada do Ustava 1974. nije postavljala zahteve za proširivanje uloge mesne zajednice na učešće u rešavanju pitanja od šireg društvenog interesa, iako su se takvi zahtevi spontano javljali među njihovim članstvom. Štaviše, pojedine organizacije nisu se angažovale na razvijanju samoupravnih odnosa ni unutar same mesne zajednice. U svakom slučaju, one su delovale kao zasebna i spoljašnja snaga u odnosu na mesnu zajednicu. Ponegde je dovođena u pitanje i celishodnost njihovog postojanja s obzirom na postojanje mesne zajednice.

Jedini put za prevazilaženje protivrečne pozicije društveno-političkih organizacija bio je u razvijanju samoupravljanja kao integralnog društvenog sistema. Kao što je uloga mesne zajednice proširena na učešće u rešavanju svih društvenih pitanja, tako je i uloga mesnih organizacija proširena na aktivno i samostalno učešće u svim društveno-političkim akcijama. Mesne organizacije su se time našle u poziciji da kroz pokretanje i usmeravanje samoupravnih akcija u mesnoj zajednici istovremeno učestvuju u pokretanju i usmeravanju samoupravnih akcija u celom društvu. To je inače jedna od bitnih pretpostavki da radnička klasa kroz društveno-političke organizacije neposredno deluje kao vodeća politička snaga društva.

SADRŽINA SAMOUPRAVNE AKTIVNOSTI MESNE ZAJEDNICE

Stvaranje mesne zajednice je za mnoga naselja značilo prekretnicu u pogledu zadovoljavanja zajedničkih potreba. Zahvaljujući tome pojedina naselja su za kratko vreme doživela pravi preporod. Ovo je karakteristično naročito za mesta koja su ranije uglavnom stagnirala i gde je zbog toga bio dosta nizak nivo zadovoljavanja čak i nekih elementarnih potreba. U pojedinim seoskim naseljima za nekoliko godina rada mesnih zajednica izgrađeno je više objekata društvenog standarda nego u celom posleratnom periodu.

U toku prve decenije svog rada mesne zajednice su, prema istraživanju Saveznog zavoda za statistiku, pored ostalog, izgradile 7.204 kilometra puteva javnog saobraćaja, 2.415 mostova i propusta i oko 256 miliona kvadratnih metara trotoara, zasadile oko 924 hiljade stabala, uredile 9.243 hektara novih zelenih površina i pošumile 64.917 hektara zemljišta. Za isto vreme naporima mesnih zajednica izgrađeno je 1.617 trafostanica, 6.354 kilometra priključne električne mreže, 3.182 vodovodna rezervoara, 10.541 kilometar vodovodne razvodne mreže i 913 kilometara kanalizacione mreže.[1] Pored toga, mesne zajednice su učestvovale i u izgradnji velikog broja zdravstvenih, kulturnih i sportskih objekata, naročito na seoskom i prigradskom području.

U početku su u radu mesnih zajednica dominirali komunalni problemi, dok se kasnije one sve više okreću i pitanjima kulture, obrazovanja, socijalne i zdravstvene zaštite. U prvim godinama svog postojanja mnoge mesne zajednice bile su zauzete elektrifikacijom, izgradnjom vodovoda, ulica, trotoara i puteva, dok su se u narednim godinama sve više angažovale i u izgradnji škola, domova kulture, socijalnih, zdravstvenih i sportskih objekata. Analogno tome, one su u početku pretežno brinule o komunalnim uslugama, a kasnije i o razvijanju kulturnog i sportskog života, o unapređivanju socijalne i zdravstvene zaštite.

Ovakva evolucija može se objasniti, prvo, time što su komunalne potrebe po svojoj prirodi primarnije, drugo, što u mnogim, naročito seoskim naseljima, o njima nisu brinuli državni organi, i treće, što ih mesna zajednica može, uglavnom, sama zadovoljavati, bez angažovanja širih društvenih zajednica. Tamo gde su nasledile relativno visok standard zadovoljavanja komunalnih potreba, mesne zajednice su svoju aktivnost odmah započinjale rešavanjem kulturnih, zdravstvenih i socijalnih problema.

Ali što je više ulazila u ova pitanja, mesna zajednica je sve više dolazila u sukob sa svojom ustavnom pozicijom, jer su ona prevazilazila okvire njenog autonomnog delovanja. Zato je

---

[1] Stanje u 1975. godini, prema **Saopštenju** Saveznog zavoda za statistiku, broj 50, god. XX, 18. II 1976.

pretvaranje mesne zajednice u osnovnu jedinicu integralnog samoupravnog sistema značilo istorijsku prekretnicu u njenom razvoju. Ona je time došla u poziciju da se bavi svim pitanjima kojima se bavi i društvena zajednica u celini. Njena aktivnost na rešavanju ovih pitanja postala je osnova samoupravnog zadovoljavanja zajedničkih potreba u celom društvu.

Već u samom početku postavio se problem određenja uloge i sadržine aktivnosti društveno-političkih organizacija u mesnoj zajednici. To se naročito odnosi na organizaciju Socijalističkog saveza. U mnogim seoskim i prigradskim naseljima organizacije SSRN su obavljale poslove koje je preuzela mesna zajednica, usled čega su nastale dileme o celishodnosti njihovog daljeg postojanja. Ovo je doprinelo da se pojedine organizacije pasiviziraju, ali u određenim, naročito gradskim sredinama one ni pre toga nisu radile drugačije sem po direktivama opštinskih organa.

Ukoliko su delovale samostalno, mesne organizacije SSRN nisu do osnivanja mesnih zajednica ni obavljale političku funkciju, već su se bavile prvenstveno pružanjem raznih usluga u zadovoljavanju zajedničkih potreba građana. One se, zbog toga, ni po načinu svog rada nisu mnogo razlikovale od ostalih organizacija koje su vršile takve usluge. Tek je osnivanjem mesnih zajednica stvoren osnovni preduslov za stvarnu politizaciju mesne organizacije SSRN. Dosadašnja praksa je već pokazala da je političko delovanje neophodan uslov i nerazdvojna komponenta samoupravne aktivnosti mesne zajednice.

To potvrđuje i činjenica da su razvoj mesne zajednice pratile odgovarajuće promene i u radu mesne organizacije SSRN. One se ogledaju, pre svega, u stalnom porastu broja organizacija koje su se samoinicijativno okretale problemima mesne zajednice. Drugi kvantitativni pokazatelj ovih promena predstavlja prelazak sa povremenog i sporadičnog na stalno i sistematsko bavljenje tim problemima. Dok se u početku rešavanju pojedinih pitanja pristupalo od slučaja do slučaja, kasnije su ona sve više programirana ne samo u radu organa samoupravljanja, već i u radu organizacija SSRN.

Osnovnu kvalitativnu promenu u radu mesne organizacije SSRN predstavlja njeno sve više **političko** angažovanje na rešavanju problema mesne zajednice. Obrazovanjem mesnih zajednica stvoreni su uslovi da se organizacije SSRN oslobode svakodnevnog prakticizma i da se u rešavanju aktuelnih pitanja svoje sredine orijentišu na njihove političke aspekte. One su se sve više angažovale na prethodnom sagledavanju zajedničkih potreba i postizanju političkih dogovora o načinu i redosledu njihovog zadovoljavanja.

Obrazovanjem mesnih zajednica aktuelizirano je pitanje stvaranja jedinstvenog fronta socijalističkih snaga. U uslovima etatizma sve društveno-političke organizacije su delovale kao svojevrsne transmisije partijskog aparata. Sa razvojem samoupravljanja one su se sve više osamostaljivale, čime je zaoštravano pitanje i sadržine njihovog rada i međusobnog razgraničenja njihovih funkcija. Problem direktnog povezivanja i jedinstvenog delovanja ovih organizacija najoštrije se počeo ispoljavati upravo u mesnoj zajednici, na čijem su području sve razvijale svoju aktivnost.

Ovaj problem se tim više zaoštravao što se sa razvojem mesne zajednice razvijala i samostalna aktivnost društveno-političkih organizacija. Do obrazovanja mesnih zajednica u mnogim naseljima nisu čak ni postojale omladinske organizacije, a između organizacija sindikata i mesnih organizacija Socijalističkog saveza nije bilo gotovo nikakvog akcionog povezivanja. Što su se mesne zajednice više angažovale na zadovoljavanju zajedničkih potreba

23

građana, ovakvo povezivanje postajalo je, međutim, sve neophodnije, a izgradnjom kulturnih i sportskih objekata stvarani su povoljniji uslovi za organizovani život omladine, pa su u mnogim mestima omladinske organizacije formirane već u toku izvođenja tih akcija. Istovremeno je povećavana i aktivnost organizacija Saveza boraca, naročito na pitanjima opštenarodne odbrane i civilne zaštite, boračkog staža, penzija, stanova, socijalne pomoći i školovanja dece palih boraca.

Sa razvijanjem samoupravne aktivnosti mesne zajednice sve više se ukazivala potreba da se društveno-političke organizacije angažuju ne samo na specifičnim, već na istim pitanjima zajedničkog života ljudi. Utoliko je razgraničavanje njihovih funkcija i sadržine rada postajalo složenije, a odatle upravo i proističe problem usklađivanja njihove aktivnosti i jedinstvenog delovanja na liniji progresivnog razrešavanja protivrečnosti koje se javljaju u procesu zadovoljavanja zajedničkih potreba. U uslovima integralnog samoupravljanja društveno-političke oganizacije ne mogu samo za sebe rešavati ni specifične probleme svojih članova ako se zajednički ne angažuju na rešavanju osnovnih problema samoupravne zajednice.

Jedinstveno delovanje bi se teško moglo ostvarivati bez usmeravajuće uloge Saveza komunista, ali se usmeravanje u samoupravnom društvu mora vršiti sasvim drugačije nego u etatizmu. Usmeravajuću ulogu mesna organizacija SK može samostalno ostvarivati samo ako se unutar svih društveno-političkih organizacija i mesne zajednice u celini demokratskim putem i idejno-političkim delovanjem bori za afirmaciju i realizaciju svojih stavova. Da bi uspela, ona mora prednjačiti u pokretanju samoupravnih akcija i traženju najprogresivnijih rešenja za probleme zadovoljavanja zajedničkih potreba.

Do konstituisanja mesnih zajednica, mesne organizacije SK su delovale uglavnom po direktivama opštinskih organa i bavile se pretežno svojim unutarnjim problemima. Zbog toga su se zatvarale u odnosu na sredinu, pa je i socijalni sastav njihovog članstva sve više odudarao od sredine. U seoskim organizacijama bilo je relativno najmanje individualnih proizvođača, dok su u gradskim, već i zbog samog načina organizovanja, glavninu činili penzioneri i domaćice. Takve organizacije su idejno-političkim delovanjem teško mogle ostvarivati svoju ulogu.

To je uticalo da su mnoge organizacije SK i posle konstituisanja mesnih zajednica dugo ostajale pasivne. Bilo je, međutim, i svesnog distanciranja od problema mesne zajednice, s motivacijom nemešanja u rad organa samoupravljanja, ili bespredmetnosti takvih problema za idejno-političko delovanje Saveza komunista. Na tome su zasnivane i dileme o celishodnosti organizovanja komunista u mesnoj zajednici.

Sa razvojem mesne zajednice nastajale su, međutim, značajne promene i u radu organizacija SK. One su se, kao i organizacije Socijalističkog saveza, postepeno okretale problemima mesne zajednice, na čijem su se rešavanju sve češće angažovale. Programiranje vlastitog učešća u samoupravnoj aktivnosti mesne zajednice postalo je redovna praksa u radu mnogih organizacija SK.

Već to ukazuje i na promene u načinu na koji su organizacije SK pristupale problemima mesne zajednice. U početku su one, uglavnom, naknadno reagovale, i to prevashodno onda kad su bile nezadovoljne određenim odlukama i postupcima. Kasnije se, međutim, organizacije SK sve češće javljaju kao inicijatori za rešavanje pojedinih problema. Time one sve više preuzimaju pokretačku i usmeravajuću ulogu koja im po prirodi društvene pozicije Saveza komunista zapravo i pripada.

Najznačajniju kvalitativnu promenu u radu mesnih organizacija SK predstavlja nesumnjivo orijentacija ne idejno-političke aspekte u rešavanju problema mesne zajednice. Razvoj samoupravnih odnosa stvarao je objektivne pretpostavke da se organizacije SK oslobađaju svakodnevnog prakticizma i orijentišu na traženje idejnih rešenja kojima se samoupravna akcija usmerava na ostvarivanje interesa radničke klase. Tome su, pored ostalog, doprinele i statutarne promene kojima je odgovornost za razvoj samoupravnih odnosa u mesnoj zajednici proširena na sve članove SK. Ovim su nesumnjivo proširene mogućnosti da se sama radnička klasa neposredno bori za svoje interese u mesnoj zajednici.

Za promene u delovanju svih društveno-političkih organizacija karakteristična je određena analogija sa razvojem samoupravne aktivnosti mesne zajednice. Dok se ova aktivnost ograničavala samo na zadovoljavanje lokalnih potreba, ni samostalno delovanje mesnih organizacija nije prelazilo lokalne okvire. Do ustavnih promena 1974. gotovo da nije ni bilo organizovanih inicijativa mesnih organizacija za rešavanje pitanja od šireg društvenog značaja.

Pošinjavanjem sadržine rada mesne zajednice na sve zajedničke potrebe stvorene su društvene pretpostavke i za odgovarajuće proširivanje aktivnosti mesnih organizacija. Analogno ustavnim promenama, statutima društveno-političkih organizacija otvorene su mogućnosti da mesne organizacije neposredno pokreću sve političke akcije i aktivno učestvuju u izgrađivanju stavova i odluka na svim nivoima političkog organizovanja. Time je ispunjen jedan od neophodnih preduslova za ukidanje političkog posredništva koje je nespojivo s integralnim samoupravljanjem.

SAGLEDAVANJE I PROGRAMIRANJE ZAJEDNIČKIH POTREBA

Već iz napred prikazanih promena u radu mesne zajednice može se zaključiti da u zadovoljavanju zajedničkih potreba postoji određena pravilnost da se najpre zadovoljavaju najneophodnije potrebe. Ona se u stvarnosti na određen način ispoljava kroz osećanja samih građana o tim potrebama. Zajednička potreba predstavlja, u stvari, svojevrsnu rezultantu individualnih potreba građana, koje oni ne mogu individualno zadovoljavati. I kao što kod individualnog zadovoljavanja ljudskih potreba u prvi plan, po pravilu, dolaze one koje su najneophodnije, to isto važi i kod zadovoljavanja zajedničkih potreba. Građani će, na primer, elektrifikaciji naselja pristupiti pre nego izgradnji doma kulture, izgradnji vodovoda pre podizanja sportskih objekata.

Osnovni uslov ispoljavanja ove pravilnosti je da sami građani neposredno odlučuju o zadovoljavanju zajedničkih potreba. Zbog zanemarivanja zajedničkih interesa građana, u etatizmu je često dolazilo do nelogičnosti u redosledu zadovoljavanja zajedničkih potreba. Obezbeđenju komfornih prostorija za administraciju pristupalo se pre nego asfaltiranju ulice, podizanju luksuznog hotela pre izgradnje vodovoda.

Slobodno ispoljavanje prirodne zakonomernosti u redosledu zadovoljavanja zajedničkih potreba započinje, u stvari, tek sa radom mesnih zajednica. Analizom realizovanih programa jednog broja najaktivnijih mesnih zajednica utvrđeno je da je u samoupravnom zadovoljavanju zajedničkih potreba građana postojao sasvim logičan redosled sa neznatnim odstupanjima. Polaznu pretpostavku za to moralo je predstavljati, pre svega, objektivno sagledavanje zajedničkih potreba.

27

Samoupravljanje po svojoj prirodi podrazumeva objektivno sagledavanje zajedničkih potreba. Ono se zasniva na neposrednom izražavanju interesa građana čije sučeljavanje predstavlja najsigurniji put za utvrđivanje stvarnog zajedništva. Demokratskom konfrontacijom se istovremeno onemogućava da se bilo koji posebni interes nametne kao zajednički ako on to stvarno nije.

Način samoupravnog zadovoljavanja zajedničkih potreba određen je, pored ostalog, i stepenom njihove razvijenosti. U slučaju neodložnog zadovoljavanja nekih elementarnih potreba gotovo da nije ni potreban nekakav postupak za njihovo identifikovanje. Potreba za opravkom neophodne ulice ili puta, za izgradnjom vodovodne mreže kad su teški uslovi snabdevanja vodom, ili podizanjem školske zgrade kad je stara već dotrajala, toliko su evidentne da nije potrebno ni ispitivati raspoloženje građana koji su u takvim slučajevima skloni i sasvim spontanom udruživanju. Otuda je u izrazito zaostalim sredinama bilo dovoljno da savet mesne zajednice samo konstatuje određenu potrebu pa da njegov zaključak naiđe na opštu saglasnost građana.

Ali ukoliko se s elementarnih, prelazilo na suptilnije potrebe, savet mesne zajednice bio je sve manje sposoban da izražava raspoloženje građana, pa su i njegovi zaključci sve više nailazili na kritiku i neodobravanje. Utoliko se sve evidentnije ukazivala i neophodnost za političkim dogovaranjem građana i njihovim neposrednim učešćem u izražavanju zajedničkih potreba.

U početnoj fazi rada mesnih zajednica zajedničke potrebe građana i redosled njihovog zadovoljavanja utvrđivani su na osnovu mišljenja članova saveta i izvršnih organa društveno-političkih organizacija. Ukoliko su određene potrebe već postale predominantne u svesti građana, mala je verovatnoća da će ih ovi članovi prevideti ili pokušati da im pretpostave neke svoje interese. Ali što su zajedničke potrebe raznovrsnije, a razlike u pogledu urgentnosti njihovog zadovoljavanja manje, mogućnost za proizvoljnosti i subjektivizam je veća. Zbog toga se u takvim uslovima nameće potreba za neposrednim izražavanjem interesa građana.

Ovakav način sagledavanja zajedničkih potreba već je doživeo određenu evoluciju. U početku je vršeno prikupljanje spontano izraženih mišljenja i zahteva koji su iznošeni na skupovima građana i sastancima društveno-političkih organizacija u vidu predloga i peticija upućenih organima ovih organizacija i savetu mesne zajednice ili izraženih u svakodnevnim međusobnim kontaktima građana. Ali takav metod još ne predstavlja garanciju za objektivno sagledavanje zajedničkih potreba, jer mišljenje većine građana ostaje, po pravilu, nepoznato.

Otuda prikupljanje spontano izraženih mišljenja sve više ustupa mesto organizovanom ispitivanju interesa. Za to se uz političke metode koriste i instrumenti naučnog istraživanja. Pored opštih skupova organizovanih s namerom da se kroz slobodno sučeljavanje mišljenja utvrde zajedničke potrebe, sve je češće u upotrebi i anketa putem koje se svako domaćinstvo, a ponekad i svaki član mesne zajednice, neposredno izjašnjava o tim potrebama. Sve više se koriste i razni drugi metodi objektivnog snimanja stanja i sagledavanja zajedničkih potreba građana.

I organi samoupravljanja i društveno-političke organizacije bavili su se sagledavanjem zajedničkih potreba građana u meri u kojoj su se uopšte angažovali na njihovom zadovoljavanju. U tome su se oni služili uglavnom istim metodima, ali je sa korišćenjem savremenijih metoda dolazilo do njihovog sve tešnjeg povezivanja u ostvarivanju date funkcije. Dok su se organi mesne zajednice i društveno-političkih organizacija javljali kao posrednici u izražavanju zajedničkih potreba građana, oni su tu funkciju u početku obavljali odvojeno, pa i nezavisno jedni od drugih. Ali već i samo prikupljanje spontano izraženih zahteva građana zahtevalo je međusobno povezivanje i saradnju ovih organa.

Metodima demokratskog izjašnjavanja građana i naučnog ispitivanja njihovih zahteva odgovaralo je zajedničko sagledavanje potreba od strane organa samoupravljanja i društveno-političkih organizacija. Kad su se građani jednom slobodno izjasnili o zajedničkim potrebama, bilo je suvišno svako ponavljanje sličnog postupka. Demokratski izraženi zahtevi građana predstavljali su dovoljnu polaznu osnovu i za političko dogovaranje i za samoupravno odlučivanje. Pogotovu bi bilo suvišno i neracionalno dupliranje u primeni metoda naučnog ispitivanja zajedničkih potreba. Otuda je anketiranje građana obično sprovođeno u zajedničkoj organizaciji organa samoupravljanja i društvenopolitičkih organizacija.

Primena metoda demokratskog izražavanja i naučnog ispitivanja zajedničkih potreba postaje sve neophodniji uslov političkog i samoupravnog programiranja. Što su suptilnije i svestranije zajedničke potrebe to je njihovo programiranje složenije. Zadovoljavanje neodložnih elementarnih potreba skoro da i ne zahteva neko političko programiranje. O takvim potrebama, pa i o samom redosledu njihovog zadovoljavanja, građani se lako sporazumevaju i bez prethodnih političkih rasprava. Izgradnja vodovodne mreže ili elektrifikacija naselja, na primer, obično se ne vezuje za druge potrebe, i takve akcije se najčešće izvode parcijalno bez uklapanja u dugoročnije programe. Oni se često sami za sebe tretiraju kao posebni programi. Ukoliko se angažuju u takvim akcijama, društveno-političke organizacije se pojavljuju više kao organizatori nego kao politički faktor.

Što se zajedničke potrebe svestranije zadovoljavaju postaje sve neophodnije i samoupravno i političko programiranje. Zadovoljavanje jedne potrebe često se uslovljava zadovoljavanjem niza drugih potreba. Uređenje centra mesne zajednice, na primer, uslovljava se asfaltiranjem ulica na periferiji, izgradnje sportskih objekata, uređenjem parkova, i slično. Zbog toga sastavljanje odgovarajućeg akcionog programa zahteva pored samoupravnog i političko dogovaranje, jer dolazi do sučeljavanja pa i sukobljavanja različitih interesa. Što se više teži svestranijem zadovoljavanju zajedničkih potreba pojavljuje se sve duži lanac međusobne uslovljenosti različitih interesa, a time i potreba za kompleksnijim i dugoročnijim programiranjem.

Time se može objasniti odgovarajuća evolucija u radu mesne zajednice koja je sa parcijalnih akcija prelazila na sve kompleksnije i dugoročnije programiranje. Dok su akcije radi zadovoljavanja zajedničkih potreba u početku pokretane od slučaja do slučaja, kasnije su one sve više izvođene prema unapred utvrđenom programu kojim je obuhvatan sve širi krug zajedničkih potreba i sve duži vremenski period njihovog zadovoljavanja. U 1975. godini je već 82% svih ispitivanih mesnih zajednica u Jugoslaviji planiralo svoj rad.[1]

Programiranje aktivnosti društveno-političkih organizacija prolazilo je u suštini sličnu evoluciju kao i programiranje rada mesne zajednice. Dok su akcije mesne zajednice pokretane od slučaja do slučaja, i rad društveno-političkih organizacija odvijao se kampanjski, čime se, u stvari, odlikovao i pre njenog osnivanja. Programiranje aktivnosti mesnih organizacija započelo je istovremeno s programiranjem rada mesne zajednice, jer je, u osnovi, uslovljeno istim faktorima.

---

[1] Saopštenje Saveznog zavoda za statistiku, isto.

Način programiranja zajedničkih potreba direktno je povezan sa načinom njihovog sagledavanja. Dok su te potrebe u ime građana izražavali organi mesne zajednice i društveno-političkih organizacija, programiranje kao samoupravna funkcija u pravom smislu nije faktički ni postojalo. Ukoliko su uopšte donošeni neki programi, oni su, u stvari, predstavljali programe rada samih organa.

Samoupravno programiranje nastaje tek sa neposrednim izjašnjavanjem građana i zasniva se na njihovom samoupravnom dogovaranju o zajedničkim potrebama. Sa razvijanjem takvog programiranja uloga organa mesne zajednice i društveno-političkih organizacija sve više se svodi na pripremanje programa i organizovanje samoupravnog i političkog dogovaranja građana. Funkcije utvrđivanja programa prelazi sa saveta mesne zajednice na skupove građana, a sa izvršnih organa društveno-političkih organizacija na konferencije odnosno sastanke svih članova.

Razvoj samoupravnog programiranja pratila je sve veća sinhronizacija programa mesne zajednice i društveno-političkih organizacija. U program rada mesne zajednice sve su više uključivana pitanja koja su već programirale mesne organizacije, i obratno. Takva sinhronizacija vrši se sve organizovanije. Dok je programiranje vršeno posrednički, organi mesnih organizacija sve češće su se pojavljivali sa zahtevima da se određena pitanja uključuju u program rada mesne zajednice, a dešavalo se i obratno, da organi mesne zajednice zahtevaju uključivanje pojedinih pitanja u programe rada mesnih organizacija. Do pune sinhronizacije dolazi, međutim, tek kad se svi građani počinju javljati kao subjekti političkog i samoupravnog programiranja. Samoupravni program se tada, u stvari, demokratskim putem samo izvodi iz političkog programa, s kojim čini jedinstvenu celinu.

Time se problem sinhronizacije programiranja faktički skida s dnevnog reda. Političko programiranje postaje osnova samoupravnog programiranja i jedna od njegovih bitnih pretpostavki. Da bi utvrdili redosled zadovoljavanja zajedničkih potreba, građani se o tome moaju najpre politički sporazumeti. Sve dok postoje protivrečni interesi koji se ne mogu istovremeno ostvariti, neophodna je njihova društvena gradacija koja pretpostavlja idejno-političku raspravu. Sigurno je da će nestajanjem ovih protivrečnosti nestajati i potreba za političkim dogovaranjem, ali će istovremeno postajati suvišno i planiranje zajedničkih potreba. U uslovima izobilja materijalnih dobara ljudi će potpuno slobodno zadovoljavati svoje životne potrebe.

Do konstituisanja sistema integralnog samoupravljanja, planiranje u mesnoj zajednici ograničavano je samo na lokalne potrebe. Zbog toga je ono vršeno potpuno autonomno i nezavisno od planiranja u drugim samoupravnim i društveno-političkim zajednicama. Nije bilo gotovo nikakve sinhronizacije planiranja između mesnih zajednica i radnih organizacija, niti između mesne zajednice i opštine. Programske stavke iz planova mesnih zajednica nisu ulazile u planove drugih zajednica, kao ni obratno.

Ali već pojavom planiranja u mesnoj zajednici počinju se javljati tendencije za njegovom sinhronizacijom s planiranjem u opštini. Oni su se ispoljavale uglavnom kroz shvatanja i sve učestalije zahteve građana, ali retko i kroz samo planiranje. Programe i planove razvoja opštine sastavljali su organi opštinske skupštine, a mesne zajednice na njih nisu imale gotovo nikakvog uticaja.

Analogno tome, nije bilo ni sinhronizovanog programiranja društveno-političke aktivnosti. Mesne organizacije praktično nisu imale uticaja na rad opštinskih organa, niti su ovi povezivali i usmeravali aktivnost na rešavanju problema mesnih zajednica. Pogotovu nije bilo sinhronizovane aktivnosti društveno-političkih organizacija u mesnim i radnim zajednicama.

Integralno samoupravljanje podrazumeva direktno povezivanje samoupravne i društveno-političke aktivnosti u svim i pre svega u osnovnim samoupravnim zajednicama. U osnovnoj organizaciji udruženog rada i mesnoj zajednici radni ljudi neposredno izražavaju i sagledavaju sve zajedničke potrebe. Zbog toga programi razvoja ovih zajednica moraju predstavljati organsku celinu i osnovu celokupnog programiranja u društvu.

Program osnovne organizacije udruženog rada mora polaziti od životnih potreba radnika u mesnoj zajednici, jer on, u krajnjoj liniji, i služi njihovom zadovoljavanju. S druge strane, i program mesne zajednice mora polaziti od razvojnih mogućnosti osnovne organizacije udruženog rada, kojima su objektivno određene stvarne mogućnosti zadovoljavanja zajedničkih potreba. Ova uslovljenost čini da se samoupravno programiranje u mesnoj zajednici javlja kao neizostavna pretpostavka samoupravnog programiranja u osnovnoj organizaciji udruženog rada, i obratno.

Puna sinhronizacija programirajna moguća je samo pod uslovom da radnik i u osnovnoj organizaciji udruženog rada i u mesnoj zajednici deluje kao stvarni subjekat političkog i samoupravnog dogovaranja. To je osnovna pretpostavka za direktno povezivanje proizvodnje i potrošnje u celini, bez kojeg se praktično ne može vršiti samoupravno razrešavanje protivrečnosti između životnih potreba radnih ljudi i materijalnih mogućnosti njihovog zadovoljavanja. Sigurna garancija skladnog razvoja proizvodnje i potrošnje leži jedino u tome da usklađivanje vrši pre svega samoupravno organizovani proizvođač. Sinhronizovano programiranje u osnovnoj organizaciji udruženog rada i mesnoj zajednici je prva i osnovna pretpostavka takvog razvoja.

Sinhronizacija samoupravnog programiranja u osnovnoj organizaciji udruženog rada i mesnoj zajednici je uslov sinhronizovanog programiranja u celom društvu. U sistemu integralnog samoupravljanja usklađivanje proizvodnje i potrošnje ne može se uspešno vršiti ni na jednom nivou društvenog organizovanja ako prethodno nije izvršeno u osnovnim samoupravnim zajednicama. To podrazumeva da kroz osnovnu organizaciju udruženog rada i mesnu zajednicu radni ljudi neposredno učestvuju u programiranju i planiranju celokupnog društvenog razvoja.

Ova neposrednost se, međutim, nikako ne može svesti na spontano i proizvoljno izražavanje različitih potreba i interesa. Da bi uopšte dolazilo do samoupravnih sporazuma, svaki učesnik u planiranju mora biti unapred upoznat sa stvaralačkim mogućnostima i potrebama svih ostalih učesnika, ali i sa optimalnim mogućnostima zadovoljavanja zajedničkih potreba. Radi toga su neophodna naučna ispitivanja ovih mogućnosti na osnovu kojih se mogu iznalaziti najadekvatnija rešenja za prevazilaženje protivrečnosti između različitih interesa. Proizvoljnost i improvizacija su uopšte nespojivi s prirodom samoupravljanja i, pogotovu kroz planiranje, mogu dovoditi do negativnih društvenih posledica. Otuda se objektivno sagledavanje zajedničkih potreba već od početka počelo nametati kao bitna pretpostavka samoupravnog planiranja.

INTERESI GRAĐANA I
SAMOUPRAVNO
ZADOVOLJAVANJE
ZAJEDNIČKIH POTREBA

Zajedničke potrebe građana izražavaju njihov zajednički interes. Da bi egzistirali ljudi svoje potrebe moraju zajednički da zadovoljavaju. Otuda su u ličnim interesima pojedinaca sadržani njihovi zajednički interesi. Svaki zajednički interes predstavlja, u stvari, svojevrsnu rezultantu određenih ličnih interesa. Time je nužno predodređena neodvojivost individualnog i kolektivnog života ljudskog bića.

Relativna podudarnost ličnog i zajedničkog interesa nije, međutim, data sama po sebi i ostvaruje se samo kroz akciju. Da bi zadovoljavali životne potrebe, ljudi moraju zajednički da deluju, a u zajedničkim akcijama dolazi do izvesnog poklapanja njihovih ličnih interesa. Ali ukoliko su mogućnosti zadovoljavanja tih potreba ograničene, svi interesi ne mogu istovremeno da se zadovolje, usled čega dolazi do njihovog razilaženja, pa i sukobljavanja.

Ovi sukobi se u klasnom društvu razrešavaju na osnovama privatnog vlasništva koje vladajućoj klasi omogućuje da sopstvene interese nameće kao zajedničke. Takvi odnosi se mogu održavati samo putem državne prinude, pomoću koje se obezbeđuje da se potrebe vladajuće klase zadovoljavaju na račun eksploatacije potčinjenih klasa. I što su mogućnosti zadovoljavanja ovih potreba manje, eksploatacija je surovija, pa su i oblici državne prinude drastičniji.

Razvojem proizvodnih snaga povećavaju se mogućnosti zadovoljavanja životnih potreba, čime se stvaraju objektivne pretpostavke za ublažavanje klasnih suprotnosti. U kapitalizmu se oblici klasične državne prinude već sve više prepliću s ideološkim i političkim delovanjem. Sa razvojem proizvodnje ne samo što raste opšte blagostanje društva, nego neizbežno dolazi i do skladnije preraspodele materijalnih dobara, jer se i sama proizvodnja dovodi u pitanje bez masovne potrošnje proizvedenih dobara.

Razvoj proizvodnje na određenom stepenu dovodi do toga da se životne potrebe proizvođača počinju sve više ispoljavati kao stvarne potrebe društva, koje se mogu zadovoljavati samo zajedničkom akcijom zainteresovanih subjekata. Pošto u uslovima visoko razvijene proizvodnje vladajuća klasa gubi moć ovladavanja društvenom reprodukcijom, nju već u kapitalizmu počinje da postikuje država koja se na prelazu u socijalizam javlja kao instrumenat ukidanja privatnog vlasništva i totalitarnog regulisanja društvene reprodukcije.

Ali pošto se i sama postavlja iznad društva, država sve manje može da deluje kao njegov integrativni faktor i neizbežno dolazi u sukob sa razvojem proizvodnih snaga i procesom oslobođenja rada. U zadovoljavanju društvenih potreba birokratija, kao neposredni nosilac državne vlasti, polazi prvenstveno od svojih interesa, što vodi stvaranju novih disproporcija i u raspodeli društvenog bogatstva i u redosledu zadovoljavanja društvenih potreba. Usled toga nastaju određeni poremećaji u društvenoj reprodukciji koji i u proizvodnji i u potrošnji vode stvaranju »mrtvih kapitala« i nedovoljno iskorišćenih kapaciteta.

Nasuprot tome, samoupravljanje nastaje i razvija se kao proces unutarnje integracije društva koja obezbeđuje sve veću ravnomernost i racionalnost u ostvarivanju društvene reprodukcije. Pošto se pri samoupravnom zadovoljavanju životnih potreba polazi od zajedničkih interesa većine stanovništva, to obezbeđuje ne samo da se prevazilaze nasleđene razlike u životnom standardu, već i da se sve potpunije koriste postojeći kapaciteti. Ako se većina stanovništva u jednom naselju dobrovoljno opredelila za izgradnju doma kulture, na primer, onda je sasvim izvesno da će takav objekat u punoj meri služiti svojoj nameni, odnosno da će u svakom slučaju biti više korišćen nego kad je nastao kao izraz potrebe manjeg broja zainteresovanih.

Samoupravna akcija zadovoljavanja zajedničkih potreba je od samog početka vodila prevazilaženju socijalnih razlika. Ona je i otpočela na punktovima gde je društveni standard bio najnerazvijeniji. Najveće rezultate u zadovoljavanju zajedničkih potreba građana do sada su ostvarile mesne zajednice u seoskim i prigradskim naseljima. Iako su startovala gotovo od nule, pojedina naselja su samoupravnom akcijom za kratko vreme podigla gotovo sve najneophodnije objekte društvenog standarda.

Samoupravno zadovoljavanje zajedničkih potreba se time već potvrdilo kao pravi put prevazilaženja razlika između grada i sela. U Vojvodini, gde se relativno najbrže razvijala samoupravna aktivnost mesnih zajednica, seoska naselja su se samo u toku jedne decenije znatno približila gradskom standardu. U većini seoskih zajednica samoupravnom akcijom su stvoreni određeni preduslovi savremene urbanizacije koji su u gradu znatno duže stvarani posredstvom državnog aparata.

S obzirom da je u seoskim i prigradskim naseljima veća koncentracija siromašnijih slojeva stanovništva, njihovo približavanje gradskom standardu značilo je istovremeno i smanjivanje nasleđenih socijalnih razlika. Mada je životni standard svih slojeva stanovništva znatno povećan, etatizam je ispoljio karakterističnu tendenciju relativnog povećanja razlika između pojedinih socijalnih grupacija. Ne samo što je preraspodela društvenog proizvoda vršena u korist grupacija koje su imale veći uticaj na državnu vlast, nego je i društveni standard znatno brže razvijen u centrima državne moći.

Nasuprot tome, samoupravno zadovoljavanje zajedničkih potreba već samo po sebi vodi prevazilaženju socijalnih razlika. Pošto se samoupravne odluke ne mogu donositi bez stvarnog opredeljivanja većine samoupravljača, one bezuslovno moraju izražavati interes većine. I s obzirom da većina stanovništva objektivno ne može ostvarivati privilegovan položaj, isključena je mogućnost da se putem samoupravne akcije standard jednog dela stanovništva povećava na račun drugog. Zbog toga umesto reprodukovanja, sve više dolazi do prevazilaženja socijalnih razlika. Samoupravnom akcijom mesne zajednice relativno se najbrže poboljšao položaj upravo onih slojeva stanovništva čiji je standard u etatizmu najviše zapostavljan.

U tome se dobrim delom krije odgovor zbog čega baš ovi slojevi stanovništva ispoljavaju najveću aktivnosti u samoupravnom zadovoljavanju zajedničkih potreba. Prigradske i seoske zajednice su najveće rezultate u podizanju društvenog standarda postigle zahvaljujući pre svega angažovanju onih slojeva radništva i seljaštva koji su preko državnog aparata najmanje mogli uticati na vlastiti položaj. Najširi slojevi radništva i seljaštva su se, u stvari, i mogli pokrenuti u akciju samo kad se pristupalo samoupravnom zadovoljavanju njihovih zajedničkih potreba u mesnoj zajednici.

Ukoliko su, nasuprot tome, pojedine socijalne grupacije u mogućnosti da svoje interese ostvaruju posredstvom državnog, ili nekog drugog monopola, njihovi pripadnici ne pokazuju veći interes za učešće u samoupravnoj aktivnosti mesne zajednice. Time se može objasniti pojava da gradske zajednice s većom koncentracijom administrativno-upravljačkog kadra nisu pokazivale interes za samoupravno zadovoljavanje zajedničkih potreba, o kojima su uglavnom brinuli državni organi. Otuda su ovakve zajednice ispoljavale relativno malu aktivnost koja je uz to u velikoj meri dobijala formalno--demokratska obeležja. I svugde gde se mesne zajednice nisu bavile samoupravnim zadovoljavanjem zajedničkih potreba građana, njihova aktivnost se svodila na delovanje malobrojnih aktivista, i to pretežno iz redova penzionera i domaćica.

Samoupravno zadovoljavanje zajedničkih potreba ima, međutim, za pretpostavku određeni minimum materijalnog blagostanja i opšte kulture stanovništva. To, pored ostalog, potvrđuje i činjenica da pojedini građani s izrazito niskim prihodima ne pokazuju veći interes za učešće u podizanju društvenog standarda, jer ne mogu da zadovolje ni najneophodnije lične potrebe kao što su ishrana, odevanje, stan i slično. Otuda karakteristična pojava da samoupravnog zadovoljavanja zajedničkih potreba u početnoj fazi razvoja mesnih zajednica nije bilo ne samo u najbogatijim, već ni u najsiromašnijim naseljima: u prvima zbog oslanjanja na državni monopol, u drugim zbog nepostojanja ni minimalnih preduslova za podizanje društvenog standarda.

Jednu od bitnih karakteristika samoupravnog zadovoljavanja zajedničkih potreba predstavlja prevazilaženje nasleđene socijalne podvojenosti koja je proisticala iz različitog društvenog položaj pojedinih socijalnih slojeva. Kroz samoupravnu akciju svi članovi mesne zajednice, bez obzira na socijalnu pripadnost, stupaju u neposredne i faktički ravnopravne odnose uzajamne zavisnosti. Ovde je svako upućen na udruživanje sa svim ostalim subjektima zainteresovanim za određene potrebe koje niko ne može zadovoljavati sam za sebe.

Na taj način neminovno dolazi do međusobnog povezivanja i uzajamnog zbližavanja pripadnika različitih socijalnih i etničkih grupacija. Samoupravna akcija iznutra potkopava temelje socijalnih i nacionalnih barijera, jer pripadnike različitih društvenih grupa i nacija povezuje snagom njihovih vlastitih interesa. U višenacionalnim zajednicama samoupravno zadovoljavanje zajedničkih potreba je veoma brzo dovelo do uzajamnog zbližavanja čak i onih socijalnih grupacija koje su bile izrazito zatvorene i međusobno izolovane.

Zajedništvo interesa, bez obzira na socijalnu, nacionalnu i drugu pripadnost njihovih nosilaca, predstavlja autentičnu osnovu za konstituisanje mesne i svake druge samoupravne zajednice. Specifičnost mesne zajednice je u tome što ovi interesi izražavaju pretežno potrebe zajedničke potrošnje, za razliku od organizacije udruženog rada gde izražavaju, pre svega, potrebe zajedničke proizvodnje. Razvojem samoupravljanja zadovoljavanje ovih potreba se sve više organski povezuje, na čemu se zasniva sve tešnje povezivanje mesne zajednice i osnovne organizacije udruženog rada.

Osnovu ovog povezivanja čini potreba za jedinstvom individualne i društvene reprodukcije. U klasnom društvu reprodukcija ljudske jedinke i reprodukcija društvene zajednice su odvojene i suprotstavljene jedna drugoj, pa na toj osnovi dolazi i do suprotstavljanja proizvodnje i potrošnje proizvedenih dobara. Razvojem samoupravljanja ova suprotnost se objektivno prevazilazi, tako da se reprodukcija ljudske jedinke sve više ispoljava kao mikroreprodukcija društvene zajednice, a reprodukcija društvene zajednice kao makroreprodukcija ljudske jedinke.

Time se proizvodnja i potrošnja svode u osnovi na isti imenitelj — reprodukciju čoveka kao stvaraoca, a kroz to i na reprodukciju ljudskog rada. U tome je upravo osnova organskog jedinstva mesne zajednice i osnovne organizacije udruženog rada u uslovima samoupravljanja. I jedna i druga su, posredno ili neposredno, u funkciji i proizvodnje i potrošnje, ali ne radi same proizvodnje i potrošnje, već radi reprodukcije radnika kao proizvođača i potrošača. Na taj način se mesna zajednica pojavljuje kao organski produžetak osnovne organizacije udruženog rada, i obratno, osnovna organizacija udruženog rada kao organski produžetak mesne zajednice.

Osnovu za određenje veličine mesne zajednice predstvalja relativno zaokružena celina zajedničkih potreba koje se u okviru određenog naselja mogu autonomno zadovoljavati. Idealnu mesnu zajednicu, za savremene uslove života, činilo bi naselje koje samostalno raspolaže takvim institucijama društvenog standarda kao što su tržnica, servis za najneophodnije usluge domaćistvu, zdravstvena stanica, dečje obdanište, osnovna škola, dom kulture, rekreativni centar i slično. Takva zajednica ima sve neophodne uslove da deluje kao jedinstvena društvena celina i kao osnovna jedinica integralnog sistema samoupravljanja.

Mesne zajednice su, međutim, najčešće konstituisane na području nasleđenih administrativno-teritorijalnih jedinica koje obično nisu odgovarale kriterijumima smaoupravnog zadovoljavanja zajedničkih potreba. U 1975. godini samo su 55% ispitivanih mesnih zajednica u Jugoslaviji predstavljale jedinstvena naselja, 30% su u svom sastavu imale dva ili više naselja, a 15% su činile delove jedinstvenih naselja.[1] Pojedine mesne zajednice imale su i na desetine hiljada stanovnika, po nekoliko osnovnih škola i dečjih obdaništa, pa čak i više kulturnih i rekreativnih centara. S druge strane, bilo je zajednica koje su konstituisane na bazi veštačkog cepanja jedinstvenih naselja.

S obzirom na svoju ulogu i položaj u sistemu samoupravljanja, mesna zajednica bi morala predstvaljati jedinstveno naselje, koje je organski povezano zajedničkim interesima građana. Sasvim je prirodno da se takvo naselje razvija kao jedinstvena urbana celina, sa svim neophodnim objektima koji služe samoupravnom zadovoljavanju zajedničkih potreba. Zbog toga je nužna odgovarajuća reurbanizacija i gradskih i seoskih naselja, koja su u uslovima klasnog društva nastajala po drugačijim kriterijumima. Do 1975. godine samo je 12% mesnih zajednica u Jugoslaviji bilo u celini obuhvaćeno urbanističkim planom,[2] ali se ni ovde nije uvek poštovao kriterijum da one čine jedinstvenu samoupravnu celinu.

Mesna zajednica se zasniva na ukupnom zajedništvu interesa određenog naselja. Po tome

---

[1] Saopštenje Saveznog zavoda za statistiku, isto.
[2] Isto.

se ona razlikuje od interesne zajednice koja počiva na zajedništvu određene vrste interesa, u kome se sjedinjuju zajedničke potrebe proizvodnje i potrošnje. U interesnu zajednicu građani se udružuju da bi zadovoljili zajedničke potrebe u pojedinim sferama života kao što su stanovanje, zdravstvena i socijalna zaštita, obrazovanje, kultura, rekreacija i druge, dok se u mesnoj zajednici dogovaraju o uslovima njihovog ukupnog zadovoljavanja.

Pošto se mesna zajednica konstituiše na bazi ukupnog zajedništva interesa određenog naselja, samoupravna akcija u njoj predstavlja sintezu svih aktivnosti usmerenih na ostvarivanje tih interesa. Ona, međutim, ne znači prosto povezivanje aktivnosti na zadovoljavanju različitih potreba u pojedinim sferama zajedničkog života. S obzirom da zbog ograničenih materijalnih mogućnosti dolazi do sukobljavanja različitih potreba, neophodna je njihova gradacija koja pored ostalog podrazumeva i opštu političku konfrontaciju na bazi demokratskog sučeljavanja i »vaganja« svih mogućih argumenata.

Zbog toga je samoupravna akcija u mesnoj zajednici kompleksna bar u dvostrukom pogledu: prvo, što znači celovito sagledavanje svih zajedničkih potreba; i drugo, što u sebi sjedinjuje i političko dogovaranje i samoupravno odlučivanje o zajedničkom zadovoljavanju tih potreba. U tom smislu su svi oblici samoupravljanja i društveno-političkog delovanja u mesnoj zajednici organski povezani u jedinstvenu celinu. Ovo jedinstvo proističe, pre svega, iz jedinstvenih ciljeva u zadovoljavanju zajedničkih potreba uglavnom istih subjekata, jer se svi članovi mesne zajednice javljaju kao nosioci ukupne aktivnosti u ostvarivanju tog zajedništva.

Kompleksnost samoupravne akcije ostvaruje se utoliko ukoliko se mesna zajednica bavi zadovoljavanjem svih zajedničkih potreba građana. Pošto su do Ustava 1974. kompentencije mesne zajednice ograničavane samo na lokalne potrebe, njena aktivnost je, u stvari, predstavljala svojevrsnu dopunu aktivnosti državnih organa u zadovoljavanju zajedničkih potreba. Na području mesne zajednice su uporedo s organima samoupravljanja potpuno nezavisno delovale klasične institucije državne vlasti. Shodno tome je i delovanje društveno-političkih organizacija samo delimično bilo povezano s aktivnošću mesne zajednice.

Ukoliko se samoupravljanje razvija kao integralni društveni sistem ovaj dualizam nestaje i sve aktivnosti na zadovoljavanju zajedničkih potreba povezuju se na samoupravnoj osnovi u jedinstvenu celinu. Samoupravna akcija u mesnoj zajednici odvija se kao integralni deo te celine, ne samo zbog toga što su njeni nosioci istovremeno i nosioci ukupne društvene aktivnosti na zadovoljavanju zajedničkih potreba, već pre svega zato što ona sama po sebi čini osnovu ove aktivnosti. Pošto se građani neposredno dogovaraju o zadovoljavanju svih zajedničkih potreba, samoupravna akcija obuhvata sve aktivnosti koje se u vezi s tim dogovaranjem odvijaju u mesnoj zajednici.

Mali je broj zajedničkih potreba o kojima jedna mesna zajednica može sama odlučivati. Zbog toga je neophodno samoupravno povezivanje manjeg ili većeg broja zajednica koje samo zajedničkom akcijom mogu zadovoljiti određene potrebe. I s obzirom da je u funkciji zajedničkog interesa, ova akcija se mora voditi jedinstveno i uz ravnopravno učešće svih zainteresovanih subjekata. Kao što se zajednički interes građana unutar jedne mesne zajednice ne može ostvariti isključivo individualnim delovanjem, tako se ni zajednički interes određenog broja samoupravnih zajednica ne može ostvariti njihovim izolovanim delovanjem.

U uslovima ograničenih materijalnih mogućnosti samoupravne zajednice bi se o zadovoljavanju zajedničkih potreba teško sporazumevale bez organizovanog delovanja društveno-političkih organizacija. Sagledavanje i afirmacija zajedničkog interesa na bazi ravnopravnog sučeljavanja posebnih interesa pojedinih samoupravnih zajednica, koji se često ne mogu istovremeno i u punoj meri ostvarivati, nužno podrazumeva odgovarajuću idejno-političku aktivnost. Zbog toga ova aktivnost mora ne samo u mesnoj zajednici, već i u celom društvu činiti sastavni deo samoupravne akcije.

II SAMOUPRAVNI RAZVOJ DRUŠTVENO-EKONOMSKIH ODNOSA U MESNOJ ZAJEDNICI

Osnovu samoupravnog zadovoljavanja zajedničkih potreba čini samoupravni društveno-ekonomski odnos, koji u suštini znači dobrovoljno udruživanje rada i sredstava i ravnopravno raspolaganje zajedničkim sredstvima od strane svih članova društvene zajednice. Pošto se potpuno dobrovoljno udruživanje i potpuno ravnopravno raspolaganje zajedničkim sredstvima ne mogu ostvariti preko noći, samoupravni društveno-ekonomski odnos se razvija kako u kvantitativnom, tako i u kvalitativnom pogledu — u pravcu sve veće ravnopravnosti raspolaganja zajedničkim sredstvima.

Već je dosadašnje iskustvo pokazalo da se ovaj razvoj ne može odvijati stihijno i da je za njegovo obezbeđenje neophodna organizovana društvena akcija. Osnovni smisao samoupravne akcije upravo se i sastoji u organizovanoj borbi za samoupravni razvoj društveno-ekonomskih odnosa, na kome se zasnivaju i sve ostale promene u životu samoupravne zajednice. Mesna zajednica se kao samoupravna asocijacija građana razvija samo utoliko ukoliko se njena funkcija zadovoljavanja zajedničkih potreba zasniva na dobrovoljnom udruživanju rada i sredstava i ravnopravnom raspolaganju tako udruženim sredstvima.

NAČIN I OBLICI STICANJA SREDSTAVA ZA ZAJEDNIČKE POTREBE

Način zadovoljavanja zajedničkih potreba organski je povezan sa načinom sticanja sredstava namenjenih tom zadovoljavanju.

Ukoliko se sredstva otuđuju od radnih ljudi, otuđuje se i odlučivanje o njihovim potrebama. Nasuprot tome, dobrovoljno udruživanje sredstava podrazumeva da se o zajedničkim potrebama ravnopravno dogovaraju svi koji sredstva udružuju. Samoupravno zadovoljavanje zajedničkih potreba nikako se ne može razviti na bazi administrativne koncentracije sredstava.

Mesna zajednica nastala je i razvija se upravo kao rezultat razotuđivanja rada i sredstava. Početni oblik finansiranja njene aktivnosti, koji se još zasniva na administrativnoj koncentraciji, predstavlja decentralizacija otuđenih sredstava iz opštinskog budžeta. Prenošenje određenih nadležnosti s opštinskih organa vlasti na mesnu zajednicu pratilo je i prenošenje izvesnog dela sredstava kojima su ti organi raspolagali.

Već i sama decentralizacija budžetskih sredstava znači nesumnjiv napredak u odnosu na centralizovano državno raspolaganje tim sredstvima. Sa decentralizacijom sredstava se, međutim, decentralizuje i posredništvo u odlučivanju o zajedničkim potrebama. Vlast se delimično samo »spušta« na nivo mesne zajednice, zadržavajući osnovna obeležja otuđenosti. U ispitivanim zajednicama čija se aktivnost zasnivala isključivo na dotacijama iz budžeta, savet je praktično delovao kao mali organ vlasti, i u svesti građana je često izjednačavan sa ranijim mesnim odborom.

I sama distribucija budžetskih sredstava vršena je posrednički, što je omogućavalo da najveći udeo u njima ostvaruju zajednice koje su imale i najveći uticaj na opštinske organe. Karakteristično je da su dotacije iz budžeta, po pravilu, lakše dobijale gradske nego seoske, i češće imućnije nego siromašnije zajednice. Na taj način su samo povećavane razlike između razvijenih i nerazvijenih zajednica, utoliko više što su imućnije opštine bile u mogućnosti da daju veće dotacije.

50

Administrativnim putem koncentrisana sredstva praktično se i ne mogu raspoređivati drugačije nego posrednički. Svaki pokušaj da se tako koncentrisana sredstva dele demokratski nailazio je na partikularističke tendencije da se što više participira u raspodeli bez obzira na interese drugih. Otuda su odlučujuću ulogu u distribuciji budžetskih sredstava redovno imali izvršni organi vlasti, odnosno najuticajnije grupe i pojedinci. U pojedinim mesnim zajednicama izražavano je uverenje da od uticajnih pojedinaca u opštinskim organima najviše zavisi da li će dobiti dotaciju.

Budžetsko finansiranje nije moglo predstavljati autentičnu osnovu samoupravnog zadovoljavanja zajedničkih potreba i zbog toga što je i sama namena distribuiranih sredstava određivana posrednički. Funkcija mesne zajednice se, na taj način, svodila na izvršavanje odluka opštinskih organa, i ukoliko nije raspolagala drugim sredstvima, ona je praktično delovala kao privezak državnog aparata. Štaviše, u početku su sredstva iz budžeta najčešće izdvajana samo za operativne troškove mesnih zajednica, koje ih zbog toga nisu mogle ni na koji način koristiti za podizanje životnog standarda.

Značajan napredak predstavljalo je uvođenje prakse da se deo budžetskih sredstava od komunalnih doprinosa, poreza i taksa automatski vraća mesnim zajednicama. Ove su sada mogle samostalno raspoređivati ta sredstva i koristiti ih za najneophodnije potrebe. Tako decentralizovana sredstva su često udruživana sa sredstvima samodoprinosa, jer nisu bila dovoljna za veće akcije. Na taj način su ona služila i kao svojevrstan podsticaj za samoupravno udruživanje sredstava. Analogno tome, počela je da se razvija i praksa da se na svaki dinar samodoprinosa dotira novi dinar iz budžeta.

Karakteristično je, međutim da ovakvim finansiranjem iz budžeta više dobijaju imućnije zajednice. Onaj ko plaća veće dažbine, više mu se sredstava vraća, ko može da prikupi veći samodoprinos, dobija i veće dotacije iz budžeta. Na taj način se održavaju, pa i povećavaju razlike između razvijenih i nerazvijenih zajednica. U svakom slučaju ostaje mogućnost prelivanja sredstava iz prvih u druge.

U svim, pa i najprogresivnijim oblicima budžetskog finansiranja zadržava se u suštini posredničko odlučivanje o raspoređivanju i nameni sredstava za zajedničke potrebe. Ali kad bi samoupravno dogovaranje na toj osnovi i bilo moguće, postavilo bi se pitanje celishodnosti centralizacije sredstava u opštini za potrebe koje se zadovoljavaju u mesnoj zajednici. Za samoupravljanje je karakteristično da se na svakom nivou društvenog organizovanja koncentrišu sredstva samo za one potrebe koje se ne mogu autonomno zadovoljavati u okviru užih zajednica. Ukoliko radni ljudi neposredno odlučuju o zajedničkim potrebama, zaista postaje besmisleno da se sredstva najpre centralizuju na različitim nivoima društvenog organizovanja, a zatim ponovo vraćaju na polaznu tačku.

Zbog toga je razumljivo što je glavni oslonac zadovoljavanja zajedničkih potreba u mesnoj zajednici od početka predstavljalo samoupravno udruživanje rada i sredstava u samoj mesnoj zajednici. Na ovaj način je u seoskim pa i pojedinim prigradskim naseljima, podignut najveći deo objekata društvenog standarda. Štaviše, u mnogim seoskim zajednicama je samoupravno udruživanje rada i sredstava predstavljalo isključivi izvor za podizanje društvenog standarda.

Za samoupravno udruživanje rada i sredstava je karakteristično da se vrši na bazi konkretnog programa, dok administrativnu koncentraciju karakteriše svojevrsni automatizam, po kojem se programiranje vrši na bazi raspoloživih sredstava. Zbog toga se ovde uopšte ne postavlja problem distribucije akumuliranih sredstava. Pošto je udruživanje sredstava vezano za konkretni program, namena svakog dinara je unapred strogo određena.

Samoupravno udruživanje rada i sredstava do sada je u mesnoj zajednici vršeno putem individualne i putem kolektivne participacije. Prva je ostvarivana kroz samodoprinos, druga kroz udruživanje mesnih zajednica i radnih organizacija. Često je iz oba izvora poticala izgradnja jednog istog objekta. Naročito je veliki deo puteva i ulica, vodovodne i električne mreže izgrađen združenim snagama mesnih zajednica i radnih organizacija.

Za mnoge seoske zajednice samodoprinos je predstavljao glavni, a ponekad i jedini izvor unapređivanja društvenog standarda. Ukoliko na području mesne zajednice nije bilo radnih organizacija, ili one nisu pokazivale interes za podizanje objekata društvenog standarda, samoupravna akcija se mogla oslanjati jedino na samodoprinos i prihode mesne zajednice. S obzirom na pretežno individualno privređivanje seoskih domaćinstava, samodoprinos je u seoskim zajednicama i morao predstavljati osnovni izvor zadovoljavanja zajedničkih potreba. Individualno udruživanje rada i sredstava je, međutim, ispoljilo tendenciju širenja i u prigradskim, pa čak i u tipično gradskim zajednicama.

Mesni samodoprinos se najčešće sastoji u novcu, radnoj snazi, materijalu i transportu. Oblik samodoprinosa određen je, pre svega, njegovom namenom, ali i realnim mogućnostima građana da u njemu participiraju. Samodoprinos u radnoj snazi i materijalu daje se naročito za izgradnju komunalnih objekata, i to više u seoskim nego u gradskim zajednicama, a pojavljuje se i kao kompenzacija za samodoprinos u novcu. Ukoliko nisu u mogućnosti da samodoprinos plate u novcu, građani ga radije daju u radnoj snazi, materijalu, transportnim i drugim uslugama.

Osnovica samodoprinosa određuje se zavisno od socijalno-ekonomske strukture mesne zajednice. Nju najčešće čine: određeni postotak na lična primanja odnosno dohodak, postotak na katastarski prihod od poljoprivrede, fiksni iznos po domaćinstvu, različiti iznosi po domaćinstvu zavisno od ekonomske moći, kombinacija dvaju ili više od navedenih principa. Individualni udeo u samodoprinosu diferencira se pre svega prema socijalnom sastavu i ekonomskoj moći građana.

Inicijative za uvođenje mesnog samodoprinosa često nastaju spontano kao rezultat slobodnog opredeljivanja građana. U početku su one pokretane preko saveta mesne zajednice, a zatim i preko izvršnih organa društveno-političkih organizacija. Što je aktivnost na samoupravnom zadovoljavanju zajedničkih potreba više razvijana, inicijative su sve češće pokretane i na zborovima građana ili masovnim skupovima društveno-političkih organizacija.

Odlučivanje o samodoprinosu mora, već i po zakonskim propisima, imati demokratski karakter, jer se ne može zavoditi bez opredeljenja većine građana. U praksi su oblici ovog odlučivanja različiti, ali se, u osnovi, svi svode na neposredno izjašnjavanje građana. Referendum i pismena izjava kao najobuhvatniji oblici izjašnjavanja istovremeno su i najfrekventniji. Izjašnjavanje preko zborova je, zbog teškoće da se okupi većina građana, do sada znatno ređe praktikovano. Pored ovih, zakonom predviđenih oblika, u praksi su se javljali i neki drugi oblici izjašnjavanja građana o samodoprinosu, kao što su društveni ugovor, anketa i dobrovoljni prilozi.

Bez obzira na oblik definitivnog izjašnjavanja, u praksi se sve više razvija i preliminarno dogovaranje građana o samodoprinosu. Umesto u savetu mesne zajednice, dogovori o raspisivanju referenduma ili drugih oblika neposrednog izjašnjavanja, sve češće se postižu na masovnim skupovima građana. To omogućava da se javno ispolje različiti interesi i demokratskim putem utvrde uslovi njihovog ostvarivanja. Posebnu ulogu u tome imaju društveno-političke organizacije.

Zadovoljavanje zajedničkih potreba na bazi samoupravnog udruživanja rada i sredstava je, u stvari, odlučujuće uticalo na osamostaljivanje mesnih organizacija i njihovu mobilizaciju u rešavanju problema mesne zajednice. Dok na administrativnu koncentraciju i distribuciju budžetskih sredstava mesne organizacije nemaju gotovo nikakvog uticaja, u samoupravnom udruživanju rada i sredstava one dobijaju nezamenjivu ulogu. Utvrđivanje redosleda u zadovoljavanju zajedničkih potreba i uzajamna društveno-politička garancija da će se taj redosled poštovati postaju bitan uslov udruživanja rada i sredstava.

Sporazumi koji se na bazi zajedničkog interesa postižu putem slobodnog opredeljivanja građana, stvaraju takvo međusobno poverenje i odgovornost da se gotovo i ne postavlja problem njihovog ostvarivanja. Zahvaljujući tome, sredstva koja građani udružuju često prikupljaju sami organi mesne zajednice, bez oslonca na silu državnog aparata i, po pravilu, bez ikakve prinude. U svim ispitivanim zajednicama samodoprinos je uplaćivan daleko urednije od doprinosa, poreza i ostalih dažbina.

Interes za samoupravno udruživanje rada i sredstava već i do sada je prevazilazio postojeće institucionalne okvire. Zakonski propisi kojima su regulisani uslovi i način zavođenja samodoprinosa su čak i sputavali veću samoupravnu aktivnost. U praksi su ispoljene tendencije pojednostavljivanja, racionalizacije i specifikacije udruživanja rada i sredstava, koja zahtevaju raznovrsnije forme udruživanja i veću slobodu njihovog izbora. Zbog toga se ukazuje potreba da se zakonom regulišu osnovni uslovi udruživanja, koji bi se, u skladu s konkretnim potrebama i specifičnostima, detaljnije razrađivali samoupravnim aktima opština i mesnih zajednica.

Najveću prepreku za razvijanje samoupravnog udruživanja rada i sredstava predstavlja, međutim, sama administrativna koncentracija. Što su veći doprinosi i porezi, to su manje mogućnosti za samoupravno udruživanje. Zbog toga su težnje za samoupravnim udruživanjem istovremeno praćene zahtevima za smanjivanjem državnih dažbina. Proširivanje samoupravne, na račun administrativne koncentracije, u stvari, i predstavlja zakoniti put samoupravnog razvoja mesne zajednice.

Administrativnom koncentracijom naročito su ograničavane mogućnosti kolektivnog udruživanja rada i sredstava. Dohodak radnih organizacija je raznim doprinosima često toliko opterećivan da je ostajalo malo sredstava koja bi one mogle udruživati sa mesnim zajednicama. Ali i kad je bilo sredstava, njihovo udruživanje je obično nailazilo na administrativne smetnje, jer zakonski propisi nisu omogućavali punu slobodu udruživanja.

Time se, u velikoj meri, može objasniti činjenica da se do Ustava 1974. udruživanje rada i sredstava putem kolektivne participacije dosta sporo razvijalo. Administrativna koncentracija i zakonske smetnje činili su oslonac za birokratske otpore udruživanju i unutar radnih organizacija. Ukoliko su u pojedinim organizacijama još dominirali birokratski odnosi, one nisu poklanjale odgovarajuću pažnju životnom standardu radnika, pa samim tim ni udruživanju sredstava radi zadovoljavanja njihovih zajedničkih potreba u mesnoj zajednici. O tome svedoči i pravilo da je udruživanje sa mesnim zajednicama intenzivnije što su razvijeniji samoupravni odnosi u radnoj organizaciji.

Zbog nerazvijenosti samoupravnih odnosa, radne organizacije su do sada znatno veći interes pokazivale za izgradnju objekata čije je korišćenje direktno vezano za uslove njihovog rada, nego za podizanje društvenog standarda svojih radnika u mesnoj zajednici. Otuda su mesne zajednice sarađivale pretežno s onim organizacijama koje su locirane na njihovom području i s kojima zajednički koriste određene objekte i usluge. Ove organizacije su učestvovale pre svega u podizanju komunalnih objekata, kao što su izgradnja puta, vodovodne ili električne mreže. Time se, pored ostalog, može objasniti pojava da je do saradnje mesnih zajednica i radnih organizacija dolazilo više na seoskom nego na gradskom području, gde je izgradnja komunalnih objekata finansirana iz budžeta.

Sa razvojem samoupravnih odnosa rastao je, međutim, interes radnih organizacija i za podizanje životnog standarda radnika u mesnoj zajednici. Uočljiva je tendencija da stalno raste broj organizacija koje sa mesnim zajednicama udružuju sredstva i za podizanje ustanova dečje zaštite, zdravstvenih, kulturnih i rekreativnih objekata. Zahvaljujući tome, sve su češći primeri saradnje mesnih zajednica i sa radnim organizacijama čija je lokacija van njihovog područja.

Učešće radnih organizacija u akcijama mesne zajednice do sada je ostvarivano u novčanom i naturalnom obliku. Oblik učešća određen je, pre svega, karakterom akcija i realnim mogućnostima radnih organizacija. Učešće u naturalnom obliku (materijal, transport, radna snaga) najviše praktikuju poljoprivredne organizacije, naročito pri izgradnji komunalnih objekata. Naturalni oblik je inače više korišćen od novčanog, jer su se njime mogla dakše zaobići administrativna ograničenja udruživanja.

Ukoliko je praktikovano, novčano učešće radnih organizacija u finansiranju akcija mesne zajednice ostvarivano je više kroz kreditiranje nego kroz nepovratna ulaganja. Sve je češća praksa da se radne organizacije javljaju i kao garanti za kredite koje banke daju mesnim zajednicama. O značaju takvog posredovanja govori činjenica da kreditni zahtevi mesnih zajednica bez pokrića nisu uopšte nailazili na odziv banaka.

Stvaranjem institucionalnih okvira za slobodnu razmenu rada Ustavom 1974. otvorena je široka perspektiva za udruživanje radnih organizacija i mesnih zajednica. Ustav je omogućio da se samoupravno udruživanje rada i sredstava svestrano razvija na račun smanjivanja i napuštanja administrativne koncentracije. Pravi put za to je direktno povezivanje osnovnih organizacija udruženog rada i mesnih zajednica u zadovoljavanju zajedničkih potreba.

Osnovu samoupravnog udruživanja rada i sredstava predstavljaju konkretne potrebe koje se zajednički zadovoljavaju. Takvo udruživanje podrazumeva konkretan program samoupravne akcije, koji subjekti udruživanja dobrovoljno prihvataju u njegovom ostvarivanju ravnopravno učestvuju. Da bi bio prihvaćen, program zadovoljavanja zajedničkih potreba mora pored obima i kvaliteta da sadrži i cenu usluga. Realizacija tako definisanog programa je uslov udruživanja za to neophodnih sredstava.

Pošto čine sastavni deo programa, i cene usluga se određuju sporazumno između subjekata udruživanja. Njih, prema tome, ne određuje više ni tržišna konkurencija, ni država, ali ni sam davalac usluga. Ravnopravno sporazumevanje subjekata udruživanja ne može se, međutim, vršiti proizvoljno. Neophodno je društveno vrednovanje rada zasnovano na objektivnim merilima vrednosti koje će obezbediti da davaoci usluga svoj dohodak ostvaruju srazmerno uloženom radu.

Slobodna razmena rada ne podrazumeva, već naprotiv isključuje tržišnu stihiju. Korisnici i davaoci usluga ne susreću se kao slučajni partneri koji putem pogodbe razmenjuju rezultate svog rada, već se svesno udružuju upravo da bi prevladali stihiju u međusobnim odnosima i planski ostvarivali zajednički interes. Njihova sloboda nije u tome da mogu jedan drugog prevariti ili nametnuti svoj interes, već da se mogu sporazumevati u ostvarivanju zajedničkog interesa.

Sporazumevanje u ostvarivanju zajedničkog interesa može obezbediti slobodnu razmenu rada samo ako se vrši neposredno između zainteresovanih subjekata. Zbog toga interesne zajednice kao institucionalni okvir slobodne razmene rada moraju izrastati direktno iz osnovne organizacije udruženog rada i mesne zajednice. To podrazumeva da se osnovne jedinice interesnih zajednica konstituišu kao oblik neposrednog dogovaranja radnih ljudi u osnovnim samoupravnim zajednicama.

Zajedničke potrebe u mesnoj zajednici, kao što su izgradnja i održavanje stanova i komunalnih objekata, zdravstvena i socijalna zaštita, elementarna kultura i osnovno obrazovanje, zabavni život i rekreacija predstavljaju osnovu za konstituisanje osnovnih jedinica interesnih zajednica. Sasvim je prirodno da se sredstva za ove potrebe koncentrišu u osnovnoj jedinici interesne zajednice putem participacije svih zainteresovanih subjekata. Koncentracija sredstava u interesnim zajednicama koje se konstituišu na nivou društveno-političkih zajednica, ima smisla samo ako je u funkciji potreba koje se ne mogu zadovoljavati na nivou mesne zajednice. Ali da bi delovale kao samoupravne institucije, i ove zajednice se moraju konstituisati na bazi udruživanja osnovnih interesnih jedinica.

Totalna koncentracija sredstava na nivou drušveno-političkih zajednica obično se motiviše solidarnim zadovoljavanjem zajedničkih potreba, pri čemu se pod solidarnošću podrazumeva posrednička preraspodela predstava u korist nerazvijenih zajednica. Iskustvo, međutim, pokazuje da posredničkom preraspodelom ne samo što nisu smanjivane, nego su još i povećavane razlike između razvijenih i nerazvijenih zajednica. Čak i kad se vrši u korist nerazvijenih zajednica, posrednička preraspodela stvara samo privid solidarnosti, jer se pri administrativnoj koncentraciji sredstava stalno automatski reprodukuje prelivanje od nerazvijenih razvijenim.

Trajno prevazilaženje razlika između razvijenih i nerazvijenih zajednica moguće je samo na principu da u raspodeli društvenog dohotka svako učestvuje srazmerno uloženom radu, što ima za pretpostavku neposredno raspolaganje dohotkom od strane samoupravno udruženih članova društvene zajednice. Raspodela prema radu ne isključuje, već naprotiv, podrazumeva socijalističku solidarnost. Socijalistička solidarnost čini, u stvari, jedno od bitnih obeležja socijalističke raspodele. Zbog toga je neosnovano njeno suprostavljanje interesima razvijenih zajednica ili identifikovanje sa žrtvovanjem tih interesa.

Osnovu socijalističke solidarnosti čini, u stvari, obostrani, odnosno zajednički interes samoupravno udruženih subjekata. Prevazilaženje razlika u stepenu razvijenosti nije interes samo nerazvijenih, već i razvijenih zajednica. Ukoliko se ostvaruje društveno vlasništvo, logično je očekivati da će razvijene zajednice pokazivati sve veći interes za ulaganja u akcije nerazvijenih zajednica, jer će to postajati uslov i za njihov razvoj.

Kao institucionalizovani oblik **slobodne** razmene rada, samoupravna interesna zajednica predstavlja svojevrsnu negaciju klasičnog institucionalizma. Rad i sredstva se ne udružuju i ne razmenjuju po nekom unapred utvrđenom šablonu, već u skladu s konkretnim potrebama zainteresovanih subjekata. Zajednička akcija ljudi ovde se ne prilagođava organizaciji koja bi bila u funkciji nekog posebnog interesa, nego se, naprotiv, organizacija prilagođava akciji koja proističe iz zajedničkog interesa.

Zbog toga je ne samo moguće, već i neophodno da se unutar interesne zajednice slobodno uspostavljaju raznovrsni odnosi koji neće biti kanalisani iz jednog centra. Razmena rada ne može se vršiti isključivo preko skupštine interesne zajednice. Ukazivaće se potreba da pojedine članice interesne zajednice organizuju zajedničke akcije bez učešća ostalih članica koje za te akcije nemaju interesa. Jedna ili više organizacija udruženog rada organizovaće zajedničku akciju sa jednom ili više mesnih zajednica, i obratno. Moguće je i da više organizacija udruži sredstva radi podizanja nekog objekta društvenog standarda samo za jedan deo naselja u mesnoj zajednici.

Ovakva sloboda udruživanja ne isključuje, već, naprotiv, zahteva usklađivanje različitih interesa i potreba. Već su prva iskustva iz rada interesnih zajednica ukazala na neophodnost takvog usklađivanja. Uloga mesne zajednice se dobrim delom i sastoji u tome da povezuje i usklađuje akcije koje proističu iz posebnih interesa naselja ili pojedinih delova stanovništva. U tom smislu mesna zajednica deluje i kao oblik integracije interesnih zajednica, a sličnu funkciju morale bi ostvarivati i društveno-političke zajednice.

RASPOLAGANJE SREDSTVIMA
ZA ZAJEDNIČKE POTREBE

Sa sticanjem sredstava za zajedničke potrebe je u zakonitoj korelaciji raspolaganje tim sredstvima. Onaj ko obezbeđuje sredstva obično određuje i njihovu namenu i raspoređuje ih po sopstvenim kriterijumima. Zbog toga različiti oblici koncentracije sredstava dovode do bitnih razlika u njihovom raspolaganju. Odnos i korisnika i davalaca usluga prema sredstvima za zajedničke potrebe je sasvim drugačiji kad se ona samoupravno udružuju nego kad se raspoređuju iz budžeta.

Administrativna koncentracija sredstava, bez obzira u kom obliku se vrši, znači, u suštini, otuđivanje rada. Radnik se ovde faktički lišava mogućnosti da raspolaže rezultatima svog rada i to u njegovo ime čini država. Samim tim što vrši administrativnu koncentraciju sredstava, državni aparat obezbeđuje monopol na raspolaganje tim sredstvima. I kad su dobijale dotacije iz budžeta, mesne zajednice tim sredstvima faktički nisu raspolagale već i zbog toga što je njihova namena određivana od strane opštinskih organa vlasti.

Koncentrišući i raspoređujući sredstva za zajedničke potrebe, država istupa kao posrednik između materijalne proizvodnje i potrošnje, između privrede i društvenih delatnosti. Zbog toga i organizacije koje vrše društvene usluge istupaju kao otuđene institucije, iako se prema državi nalaze u sličnom položaju kao privredne organizacije. Monopol državnog aparata na regulisanje društvenih odnosa ispoljava se, pored ostalog, i kroz monopolističku poziciju ovih organizacija. Prema jednoj komunalnoj, socijalnoj ili zdravstvenoj ustanovi, na primer, radnik nije ništa moćniji nego prema jednom poreskom organu koji brine o prikupljanju sredstava za te ustanove.

Ovako protivrečna pozicija davalaca usluga proističe otuda što faktički ni oni ne raspolažu sredstvima koja im se posredstvom budžeta dodeljuju za obavljanje tih usluga. Zbog toga se i učešće korisnika usluga u organima ovih organizacija svodi, u suštini, na formalnost. Pokušaji da se na taj način obezbedi uticaj korisnika na usluge gotovo da nisu imali stvarnog efekta. U ispitivanim mesnim zajednicama nije posredstvom njihovih predstavnika u organima uslužnih organizacija ostvaren ni jedan značajniji zahtev.

Monopolistički položaj uslužnih organizacija dovodi do otuđivanja i sredstava koja se samoupravno udružuju radi zadovoljavanja zajedničkih potreba. Čim raspolaganje ovim sredstvima pređe u nadležnost takvih organizacija, subjekti koji su ih udružili ostaju praktično eksproprisani. Kao jedan od najevidentnijih primera takvog otuđivanja u ispitivanim zajednicama navođena je izgradnja električne mreže putem mesnog samodoprinosa. Izgrađeni objekti su odmah prelazili u nadležnost elektro-distributerskih preduzeća, dok mesne zajednice ne samo što nisu dobijale nikakvu kompenzaciju, nego su ostajale i bez bilo kakvog uticaja na upravljanje tim objektima.

Pošto ne može sama zadovoljavati vlastite potrebe, mesna zajednica je objektivno upućena na uslužne organizacije. I ukoliko ove organizacije uživaju monopolistički položaj, otuđivanje rada i sredstava od korisnika usluga je neminovno. Zbog toga je mesna zajednica do Ustava 1974. delovala kao privezak državnog aparata čak i kad su njene akcije zasnivane na samoupravnom udruživanju rada i sredstava.

Tek se uvođenjem slobodne razmene rada počinje radikalno menjati odnos prema udruženim sredstvima. Kad se rad korisnika i davalaca usluga počne direktno razmenjivati, tad započinje i njegovo stvarno razotuđivanje. Da bi zadovoljio određene potrebe, korisnik usluga sam izdvaja za to neophodna sredstva i stupa u potpuno ravnopravan odnos sa davaocem usluga. Za izdvojena sredstva on dobija odgovarajuću protuvrednost u obliku koji zadovoljava njegove potrebe. Rad se od njega time ne otuđuje, već samo menja svoj oblik. Za slobodu rada sasvim je svejedno da li će stanovnici jedne mesne zajednice sami uređivati svoje naselje, ili će koristiti usluge komunalne organizacije, udružujući za to deo svog dohotka, koji je samo vrednosni izraz njihovog na drugi način ostvarenog rada.

S druge strane, davaoci društvenih usluga se slobodnom razmenom rada lišavaju povlašćenog položaja u odnosu na korisnike, ali se istovremeno oslobađaju podređenog položaja u odnosu na državu. Oni se na taj način potpuno izjednačavaju s ostalim organizacijama udruženog rada i dolaze u poziciju da samostalno stiču i raspoređuju dohodak. Za izvršene usluge oni dobijaju odgovarajuću protuvrednost u obliku udruženih sredstava kao ostvarenog rada korisnika. Da bi stekle dohodak, uslužne organizacije moraju sada stupati u direktne odnose s korisnicima usluga, realizujući konkretne programe zadovoljavanja njihovih potreba.

Ovakvi odnosi mogu se zasnivati samo na zajedničkom raspolaganju udruženim sredstvima. To podrazumeva da se udruživanje i razmena rada vrše na bazi zajednički usvojenog programa usluga, čija je realizacija uslov za izdvajanje sredstava iz dohotka korisnika. Zajedničko raspolaganje sredstvima za zajedničke potrebe imanentno je u tom slučaju već i samom udruživanju sredstava. Kroz utvrđivanje programa usluga korisnici i davaoci usluga zajednički određuju konkretnu namenu sredstava koja se udružuju, bez obzira na njihove izvore.

Ukoliko su razvijeni socijalistički produkcioni odnosi, zajedničko raspolaganje sredstvima predstavlja polaznu osnovu njihovog udruživanja. U takvim uslovima radnici zajednički ostvarenim dohotkom zajednički i raspolažu. Deo dohotka oni kolektivno izdvajaju za zajedničke potrebe. Bilo bi suvišno i neracionalno da se ova sredstva najpre raspodeljuju na pojedince a zatim ponovo udružuju putem individualne participacije. Kolektivna participacija nikako ne isključuje, već upravo pretpostavlja individualno opredeljivanje. Zbog toga je za suštinu samoupravljanja sasvim svejedno da li pojedinci i fizički raspolažu sredstvima koja udružuju.

Sasvim je druga stvar kad se dohodak ostvaruje ličnim radom na bazi privatnog vlasništva. Ovde zajedničko raspolaganje sredstvima započinje tek sa njihovim udruživanjem. Pošto sam stiče dohodak, pojedinac njime sam i raspolaže sve dok može individualno da zadovoljava vlastite potrebe. Čim zakorači u iskušenja civilizovanog života, on se dobrovoljno odriče vlastitog individualizma i sam traži udruživanje, jer određene potrebe može da zadovolji samo zajedničkom akcijom. Zbog toga je mesna zajednica na selu postala snažno sredstvo socijalizacije koje je u civilizovanijim sredinama veoma brzo prihvaćeno bez ikakvog pritiska sa strane, čak i uz izvesno zapostavljanje od strane društvene zajednice. Čim se sredstva na bilo koji način udružuju, zajedničko raspolaganje njima postaje neminovno iz prostog razloga što je individualno raspolaganje nemoguće. U uslovima dok su još nerazvijeni samoupravni odnosi, moguće je samo privremeno otuđivanje udruženih sredstava, ali se ono, kao i uvek, vrši protiv volje onih koji ta sredstva udružuju. U ispitivanim mesnim zajednicama niko nije postavljao zahtev da se udružena sredstva vrate onima koji su ih udružili, ali je svugde izražavano nezadovoljstvo zbog njihovog otuđivanja.

Put za razotuđivanje tražen je, pored ostalog, i u vraćanju udruženih sredstava mesnoj zajednici, u kom slučaju bi se ona praktično pojavljivala kao kreditor uslužnih organizacija. Time bi se zadovoljio obostrani interes, ali se pitanje razvoja samoupravnih odnosa između mesne zajednice i uslužnih organizacija ne bi razrešilo. Ove organizacije bi, u suštini, i dalje zadržale monopolističku poziciju u određivanju obima, kvaliteta i cene usluga, što bi im omogućavalo da na posredan način i dalje stiču dohodak nezavisno od rezultata rada.

Stvarnu vlast nad sredstvima koja udružuje korisnik usluga može zadržati samo pod uslovom zajedničkog raspolaganja tim sredstvima. Zbog toga udruživanje sredstava mora da bude praćeno udruživanjem korisnika i davalaca usluga kao ravnopravnih subjekata takvog raspolaganja. I jedni i drugi se jedino samoupravnim dogovaranjem mogu osloboditi i tržišne stihije i državnog monopola.

Samoupravno dogovaranje je upravo autentični način raspolaganja zajdničkim sredstvima. Kao što zajedničko raspolaganje sredstvima

znači negaciju državnog vlasništva, tako i samo-
upravno dogovaranje znači negaciju državnog
posredništva u odlučivanju o zajedničkim potre-
bama. Zajedničko raspolaganje sredstvima već
po svojoj prirodi isključuje svako, pa i državno
posredništvo u odlučivanju. Ukoliko se ovakvo
odlučivanje zadržava, to samo znači da stvarnog
zajedništva praktično još nema.

Zajedničko raspolaganje sredstvima podra-
zumeva uzajamnu odgovornost udruženih sub-
jekata koja obezbeđuje praktičnu realizaciju
postignutih dogovora. Zbog toga subjekti koji
udružuju sredstva moraju formirati odgovara-
juću samoupravnu asocijaciju kao oblik svoje-
vrsne institucionalizacije međusobnih odnosa.
Ove asocijacije se bitno razlikuju od klasičnih
institucija po tome što se ne postavljaju iznad
udruženih subjekata, već služe ostvarivanju nji-
hovih zajedničkih interesa.

S obzirom da suštinu samoupravnog dogo-
varanja čini slobodno opredeljivanje, osnovu
svake samoupravne asocijacije moraju pred-
stavljati oblici neposrednog izjašnjavanja svih
zainteresovanih subjekata. To praktično znači
da se svim udruženim sredstvima upravlja iz
osnovne organizacije udruženog rada i mesne
zajednice, odakle je neposredno izjašnjavanje
svih zainteresovanih subjekata objektivno jedi-
no moguće. To nedvosmisleno pokazuje da i
svaka interesna zajednica kao institucionalni
oblik zadovoljavanja zajedničkih potreba mora
počivati na neposrednom izjašnjavanju radnih
ljudi i građana u osnovnoj organizaciji udruže-
nog rada i mesnoj zajednici.

Pošto svi članovi mesne zajednice nisu ne-
posredno zainteresovani za sve zajedničke po-
trebe, oni se udružuju u različite interesne za-
jednice, kao posebne samoupravne asocijacije.
U interesnoj zajednici oni se pojavljuju u dvo-
strukoj ulozi: kao subjekti udruživanja sred-
stava i kao korisnici usluga radi kojih udružuju
sredstva. U oba slučaja oni istupaju kolektivno:
jednom kao organizacija udruženog rada odnos-

no radna zajednica, drugi put kao udruženi korisnici usluga.

Interesna zajednica kao **samoupravna** asocijacija podrazumeva, međutim, neposredno udruživanje svih subjekata zainteresovanih za zadovoljavanje određenih zajedničkih potreba. Zbog toga ona mora uključivati i organizacije koje kao davaoci usluga neposredno učestvuju u zadovoljavanju tih potreba. Zajedničko raspolaganje udruženim sredstvima podrazumeva da se i udruživanje svih zainteresovanih subjekata vrši u svim sferama i na svim nivoima gde se ta sredstva koncentrišu. Zbog toga i jedinica interesne zajednice u mesnoj zajednici mora predstavljati celovitu asocijaciju građana kao udruženih korisnika određenih usluga radnih organizacija koje udružuju sredstva radi zadovoljavanja svojih potreba ili zajedničkih potreba svojih radnika i organizacija koje pružaju određene usluge.

Da bi ostvarili ciljeve radi kojih se udružuju, ovi subjekti moraju zajednički raspolagati udruženim sredstvima. Konkretan izraz takvog raspolaganja predstavlja realizacija određenog programa zajedničkih potreba koje praktično ne može biti bez samoupravnog dogovaranja svih pomenutih subjekata. Pošto ne mogu sami zadovoljavati zajedničke potrebe, korisnici usluga ne mogu sami ni raspolagati udruženim sredstvima. To pokazuje da zajedničko raspolaganje sredstvima od strane korisnika i davalaca usluga predstavlja, pre svega, izraz objektivne nužnosti koju i jedni i drugi moraju shvatiti da bi ravnopravno sarađivali.

Udružena sredstva ne predstavljaju, međutim, isključivo vlasništvo interesne jedinice, niti bilo koje druge posebne asocijacije. Interesna jedinica može sredstvima koja koristi raspolagati samo tako da ne ugrožava interese ostalih društvenih subjekata. Da bi se to obezbedilo, ona mora poštovati određene društvene norme, u čijem utvrđivanju učestvuje ravnopravno sa svim ostalim subjektima. Kroz samoupravno utvrđivanje ovih normi ona u stvari neposredno učestvuje u raspolaganju celokupnim društvenim sredstvima.

Zbog toga zajedništvo udruženih sredstava u integralnom samoupravnom sistemu nema grupni, već opštedruštveni karakter. Jedan objekat koji služi zadovoljavanju zajedničkih potreba određenog naselja ne pripada samo tom naselju već društvenoj zajednici u celini. Njegovo korišćenje od početka podleže opštevažećim društvenim normama, a ne samo dogovorima koje postižu njegovi neposredni korisnici. U stvari, dogovori koji se postižu u okviru pojedinih samoupravnih jedinica moraju se zasnivati na opštedruštvenim dogovorima, bez čega inače ne može biti ni društvenog vlasništva, ni jedinstvenog sistema samoupravljanja.

Da bi se obezbedilo stvarno zajedništvo u raspolaganju udruženim sredstvima, potreban je, međutim, čitav splet samoupravnih dogovora između različitih subjekata. Ni jedna interesna jedinica ne može egzistirati izolovano, već samo kao integralni deo širih interesnih asocijacija. To zahteva da se unutar svake asocijacije samoupravno regulišu međusobni odnosi njenih članica. Ništa manje nije neophodno ni samoupravno regulisanje odnosa između različitih interesnih zajednica na svim nivoima društvenog organizovanja.

Ukoliko se u mesnoj zajednici konstituiše više interesnih jedinica, neophodno je da se njihovi međusobni odnosi regulišu tako da se obezbedi zajedničko raspolaganje svim sredstvima koja se koncentrišu u pojedinim jedinicama. To se naročito odnosi na način utvrđivanja programa mesne zajednice koji mora predstavljati svojevrsnu sintezu aktivnosti svih jedinica. Prioritete u zadovoljavanju pojedinih vrsta zajedničkih potreba jednog naselja može utvrđivati samo mesna zajednica kao celina, jer usklađivanje različitih interesa pretpostavlja ravnopravno dogovaranje svih njihovih nosilaca.

Na sličan način moraju se regulisati i odnosi između interesnih zajednica, odnosno osnovnih organizacija udruženog rada i mesnih zajednica u opštini i širim društveno-političkim zajednicama. Različiti interesi ovih zajednica i njihovih asocijacija mogu se usklađivati samo putem zajedničkih dogovora koji će garantovati određeni redosled u zadovoljavanju zajedničkih potreba. To je jedini put da se kroz samoupravnu akciju u osnovnoj organizaciji udruženog rada i mesnoj zajednici obezbedi neposredno učešće radnih ljudi i građana u raspolaganju ukupnim društvenim sredstvima.

Do Ustava 1974. sve zajedničke potrebe u opštini i širim društveno-političkim zajednicama zadovoljavane su gotovo isključivo na bazi administrativne koncentracije sredstava. Opštinski samodoprinos raspisivan je retko i samo u izuzetnim situacijama kad se najneophodnije potrebe nisu mogle zadovoljiti prihodima iz budžeta. Primeri iz prakse pokazuju da je samodoprinos zavođen uglavnom u siromašnijim, a veoma retko u imućnijim opštinama.

Zbog ovakvog načina koncentracije sredstava, mesna zajednica nije imala gotovo nikakvog uticaja na zadovoljavanje zajedničkih potreba u društveno-političkim zajednicama. Ona nije učestvovala ni u prikupljanju ni u raspoređivanju budžetskih sredstava. Ukoliko je vođena javna rasprava o predlogu plana i budžetskoj potrošnji opštine, ona je organizovana »po liniji vlasti«, to jest preko zborova birača koje je sazivao predsednik opštinske skupštine. Ova rasprava je imala isključivo konsultativni karakter, jer organi opštine koji su donosili odluke nisu bili obavezni da prihvate primedbe i predloge građana.

S obzirom na različite načine zadovoljavanja zajedničkih potreba, građanin se objektivno nalazio u dvostrukom društveno-ekonomskom položaju: prema državi kao izvor budžeta i prema mesnoj zajednici kao subjekt samoupravnog udruživanja rada i sredstava. Iz ovog dualizma proisticao je odgovarajući dualizam i u njegovom društveno-političkom delovanju. Kao član društveno-političkih organizacija on se na jednoj strani morao zalagati za odluke koje su donešene bez njegovog učešća, dok mu se na drugoj strani pružala mogućnost da u određenim granicama samoinicijativno podstiče i usmerava samoupravnu akciju.

Ovakav dualizam nije se mogao prevazići izolovanim akcijama mesnih organizacija. Napuštanje budžetskog finansiranja zajedničkih potreba i razvijanje sistema samoupravnog udruživanja rada i sredstava zahteva organizovanu akciju celog društva. Zbog toga pojedinačne inicijative nisu u tom pogledu mogle imati većeg efekta, sem što su jačanjem samoupravnih tendencija vodile stvaranju opštedruštvenog pokreta za razvijanje integralnog sistema samoupravljanja.

Prvi korak ka napuštanju budžetskog finansiranja zajedničkih potreba učinjen je formiranjem interesnih zajednica. Time su stvoreni povoljniji uslovi za namensko prikupljanje i društvenu kontrolu korišćenja prikupljenih sredstava. Međutim, i dalje su u suštini zadržana osnovna obeležja administrativnog prikupljanja i distribucije sredstava. Sredstva za rad interesnih zajednica obezbeđivali su organi društveno-političkih zajednica koji su zahvaljujući tome odlučujuće uticali i na njihove programe. Zbog toga interesne zajednice još nisu delovale kao samoupravne asocijacije, već kao otuđene institucije koje su se zahvaljujući svojoj posredničkoj ulozi u raspolaganju sredstvima za zajedničke potrebe postavljale i iznad korisnika i iznad davalaca usluga.

Razumljivo je što mesna zajednica nije mogla imati gotovo nikakav uticaj na tako postavljenu interesnu zajednicu. Njihovi materijalni odnosi, ukoliko su uopšte uspostavljani, svodili su se na povremeno dodeljivanje dotacija za lokalne akcije, na sličan način kako je to činjeno i neposredno iz opštinskog budžeta. U svakom slučaju, mesna zajednica nije imala mogućnosti da se izjašnjava ni o programima interesnih zajednica, ni o izdvajanju sredstava za njihovu realizaciju. Takvu mogućnost pružio je tek Ustav iz 1974. koji je interesnu zajednicu u osnovi postavio kao samoupravnu asocijaciju korisnika i davalaca usluga.

Već su prva iskustva potvrdila veliki interes građana za samoupravno funkcionisanje interesnih zajednica. U mesnim zajednicama i radnim organizacijama sve su izrazitije tendencije za napuštanjem administrativne i razvijanjem samoupravne koncentracije sredstava za zajedničke potrebe. O tome svedoče i sve brojniji primeri odbijanja nedovoljno ubedljivih predloga za izdvajanje sredstava, ili masovno izražene spremnosti za većim izdvajanjima kad su stvarne potrebe očigledne. Ovo nedvosmisleno pokazuje da je samoupravnom udruživanju sredstava potpuno tuđ automatizam koji karakteriše administrativnu koncentraciju i da se sva izdvajanja moraju vršiti na osnovu konkretnog programa zajedničkih potreba.

S obzirom da zadovoljavanje zajedničkih potreba postaje stvar interesnih zajednica kao samoupravnih asocijacija korisnika i davalaca usluga, funkcije organa društveno-političkih zajednica svode se na usklađivanje aktivnosti tih asocijacija i staranje o opštim uslovima života i rada u samoupravnoj zajednici. Ukoliko se u zadovoljavanju zajedničkih potreba razvija samoupravno udruživanje rada i sredstava, ove funkcije sve više dobijaju samoupravni karakter, jer se i one moraju zasnivati na istom društveno-ekonomskom odnosu. Sredstva za njihovo obavljanje takođe se mogu udruživati samo na bazi konkretnog programa aktivnosti, u čijem utvrđivanju mesna zajednica mora neposredno učestvovati.

Razvijanjem celovitog sistema samoupravnih društveno-ekonomskih odnosa bitno se menjaju položaj i uloga društveno-političkih organizacija kao nosilaca samoupravne akcije. Dok se zajedničke potrebe zadovoljavaju na bazi administrativnog finansiranja, društveno-političke organizacije deluju kao spoljašnja snaga na državni mehanizam koji autoritetom sile obezbeđuje određeni automatizam u priticanju potrebnih sredstava. Ovaj automatizam sa svoje strane stvara određenu inertnost kod društveno-političkih organizacija koja se ogleda u odsustvu akcione usmerenosti i zadovoljavanju opštim proklamacijama, odvajanju foruma od članstva, dezintegraciji i političkom uspavljivanju svih delova organizacije.

Ukoliko se međutim razvija samoupravno udruživanje rada i sredstava, društveno-političke organizacije moraju da se nalaze u stanju permanentne mobilnosti, da podstiču, organizuju i usmeravaju akciju udruživanja. Pošto se samoupravno udruživanje u osnovi vrši na principu dobrovoljnosti, uloga društveno-političkih organizacija je da utvrđivanjem zajedničkih interesa i ciljeva obezbeđuju svesno opredeljivanje samoupravnih zajednica i njihovih članova za određene akcije. Radi toga one moraju u svim sferama i na svim nivoima društvenog organizovanja delovati kao jedinstven pokret i kao unutarnja snaga samoupravnog sistema.

Celovit sistem socijalističkih društveno-ekonomskih odnosa može se razvijati samo organizovanom akcijom svih socijalističkih snaga. To, u stvari, znači da je transformacija društveno-političkih organizacija u unutarnju snagu samoupravnog sistema moguća jedino kroz borbu za njegovo razvijanje u integralni društveni sistem. Težište njihove akcije u toj borbi mora biti, pre svega, na razvijanju samoupravnog udruživanja rada i sredstava i samoupravnog raspolaganja udruženim sredstvima od strane svih članova društvene zajednice, jer na tome počiva ceo sistem. Pošto se mesna zajednica može samoupravno razvijati samo kao integralni deo jedinstvenog samoupravnog sistema, i mesne organizacije mogu uspešno delovati u tom pravcu samo kao sastavni deo jedinstvenog fronta socijalističkih snaga.

III SAMOUPRAVNO ODLUČIVANJE U MESNOJ ZAJEDNICI

NAČIN ODLUČIVANJA

Samoupravno odlučivanje je autentični izraz samoupravnih društveno-ekonomskih odnosa. Njegova suština, koja se sastoji u neposrednom dogovaranju svih zainteresovanih subjekata, određena je zajedničkim raspolaganjem društvenim sredstvima. Ono je, u stvari, jedino mogući način ostvarivanja društvenog vlasništva. Zbog toga ovakvog vlasništva ne može biti bez samoupravnog odlučivanja, niti stvarnog samoupravnog odlučivanja ima bez društvenog vlasništva. Dosadašnji razvoj mesne zajednice upravo pokazuje da je samoupravno odlučivanje o zajedničkim potrebama ostvarivano samo utoliko ukoliko je njihovo zadovoljavanje zasnivano na samoupravnom udruživanju rada i sredstava.

DOSADAŠNJA GENEZA ODLUČIVANJA U MESNOJ ZAJEDNICI

Mesna zajednica je na svom području zatekla neke elementarne institucije klasične predstavničke demokratije (zbor birača, odbornici i poslanici, mesna kancelarija), koje su se i dalje zadržale, ali uporedo i nezavisno od njenog vlastitog mehanizma. Do stvarnog objedinjavanja nije ni moglo doći, jer su te institucije bile organski vezane za državni aparat, dok je mehanizam mesne zajednice egzistirao uporedo i bez čvršće veze s tim aparatom. Tako su se na području mesne zajednice istovremeno pojavljivala dva različita oblika vlasti koji su se u suštini zasnivali i održavali na dualističkom (etatističkom i samoupravnom) društveno-ekonomskom položaju građana.

Zbor birača je u sistemu predstavničke demokratije predstavljao u stvari oblik otuđivanja vlasti od građana. Njegova osnovna funkcija bila je vezana za izbor odbornika i poslanika koji su u ime birača upravljali društvenim poslovima. Izgledalo je kao da građani sami prenose vlast na svoje predstavnike, a ona se u stvari automatski otuđivala s otuđivanjem njihovog rada. Administrativna koncentracija sredstava neizbežno je za sobom povlačila odgovarajuću koncentraciju vlasti. I obratno, koncentracija vlasti u državnom aparatu predstavljala je uslov administrativne koncentracije sredstava.

Otuđivanje rada i sredstava svodilo je oblike predstavničke demokratije na formalnost. I kad su sami vršili izbor svojih predstavnika, građani zbog tog otuđivanja nisu mogli uticati na njihova opredeljenja u organima vlasti. Zato je razumljiva njihova apstinencija prema takvoj demokratiji. Zborovi birača slabo su posećivani i onda kada su na dnevni red stavljana tako značajna pitanja kao što su program i plan razvoja opštine ili izveštaj o radu opštinske skupštine. U ispitivanim mesnim zajednicama zborovima je, po pravilu, prisustvovalo manje od 10⁰/₀ birača.

Nastajući u uslovima predstavničke demokratije, mesna zajednica je u početku i sama preuzimala njena obeležja, ali ju je samoupravno udruživanje rada i sredstava sve više vuklo ka njihovom prevazilaženju i razvijanju samoupravnog odlučivanja. U stvari, sve razvijenije zadovoljavanje zajedničkih potreba uslovljavalo je odgovarajuću evoluciju i u načinu odlučivanja. Ona je, gledano u globalu, već prošla tri karakteristične faze.

U prvoj fazi odlučivanje u mesnoj zajednici imalo je još uglavnom predstavnički karakter koji se zasnivao na pretežno ili isključivo budžetskom načinu njenog finansiranja. Gotovo celokupno odlučivanje bilo je koncentrisano u savetu mesne zajednice, dok se uloga zbora građana svodila uglavnom na izbor saveta. To je uticalo da se u svesti građana mesna zajednica izjednačavala sa savetom koji je shvatan kao klasični organ vlasti. U normativnim aktima savet je obično definisan kao **najviši** organ samoupravljanja sa najznačajnijim kompetencijama, uključujući donošenje statuta mesne zajednice.

Ovakav način odlučivanja bitno je uticao i na delovanje društveno-političkih organizacija. Pošto građani nisu neposredno učestvovali u odlučivanju, politički uticaj na odluke nije se mogao vršiti preko zborova, zbog čega ni članstvo mesnih organizacija nije delovalo kao subjekt tog uticaja. Na savet mesne zajednice sve organizacije su mogle uticati jedino preko svojih izvršnih organa, sa kojima su zbog toga praktično i izjednačavane. Uloga članstva svodila se, uglavnom, na izbor ovih organa, koji su, u stvari, delovali kao njegovi posrednici.

Uticaj mesnih organizacija obezbeđivan je, pored ostalog, i delimičnim personalnim srastanjem njihovih izvršnih organa sa savetom mesne zajednice. Jedan broj članova izvršnog odbora mesne organizacije Socijalističkog saveza i sekretarijata osnovne organizacije Saveza komunista biran je istovremeno i u Savet mesne zajednice. Ponekad je čak i predsednik izvršnog odbora mesne organizacije SSRN biran istovremeno za predsednika saveta mesne zajednice. Što se više članova izvršnih organa mesnih organizacija nalazilo u savetu mesne zajednice, to je u većoj meri bio obezbeđen njihov uticaj na sadržinu odluka koje je savet donosio.

I unutar samog saveta postojala je određena hijerarhija, na osnovu koje je diferenciran uticaj njihovih članova. Često je bio dovoljan uticaj i na manji broj članova ili samo na predsednika saveta, pa da se izdejstvuju određene odluke. Otuda su organi mesnih organizacija sa savetom ponekad kontaktirali samo preko njegovog predsednika ili uticajnih članova. Ukoliko je pak bila manja hijerarhija među članovima saveta, utoliko se uticaj na sadržinu odluka morao vršiti unutar saveta.

Odnos između organa društveno-političkih organizacija i saveta mesne zajednice nije se, međutim, ispoljavao samo kroz jednosmeran uticaj. Ne samo što su organi mesnih organizacija uticali na odluke saveta, nego je i savet često uticao na njihove stavove. Njihovi međusobni odnosi su u velikoj meri zavisili od subjektivnih činilaca, kao što su, pre svega, aktivnost, lični ugled i uticaj pojedinaca. Otuda je dominantan uticaj u mesnoj zajednici mogao imati svaki od tri ključna organa: savet, izvršni odbor organizacije SSRN ili sekretarijat organizacije SK.

Uticaj subjektivnih činilaca na odnose u mesnoj zajednici izrazit je naročito u patrijarhalnim seoskim sredinama, gde lični ugled inače igra veliku ulogu u međuljudskim odnosima. Istraživanjem je utvrđeno da je ugled rukovodećih ličnosti ovde ponekad bio od presudnog značaja za odnose između pojedinih organa. Time se, u velikoj meri, može objasniti pojava da je u ovakvim zajednicama savet često imao veći uticaj ne samo od izvršnog odbora organizacije SSRN, već i od sekretarijata organizacije SK.

Borba za uticaj dovodila je često do sukoba između pojedinih organa u mesnoj zajednici. Relativno velika uloga subjektivnih činilaca u njihovim međusobnim odnosima je tome još više doprinosila, jer je olakšavala ispoljavanje različitih interesa i tendencija. U osnovi sukoba često je ležala isključivost ličnih ili grupnih interesa koji su nastojali da se ostvare kroz zajedničke akcije. U mesnoj zajednici je najevidentnije ispoljavan formalno-demokratski karakter predstavničkog odlučivanja, jer su se parcijalni interesi koji teže da se nametnu kao opšti, direktno sukobljavali sa zajedničkim interesom građana.

Put za izbegavanje frontalnih sukoba najčešće je tražen u zajedničkim dogovorima kroz političke aktive. Gotovo u svim ispitivanim zajednicama održavane su zajedničke sednice saveta i izvršnih organa društveno-političkih organizacija. Ponegde je ovaj skup nazivan plenumom ili saborom, ali su na njemu razmatrana uglavnom ista ili slična pitanja i zauzimani politički stavovi koji su činili osnovu odlučivanja u mesnoj zajednici. Na raspravu o pojedinim pitanjima ponekad je pozivan i širi krug aktivista u mesnoj zajednici, ali su takvi skupovi imali više manifestacioni nego radni karakter.

Politički aktiv je praktično držao politički monopol u mesnoj zajednici. On je bio ne samo glavni inicijator nego i stvarni kreator politike. Njegovi stavovi ni na masovnim skupovima nisu doživljavali veće korekcije. Predlozi aktiva su na skupovima građana i sastancima (konferencijama) mesnih organizacija retko nailazili na osporavanje i konfrontaciju sa drugačijim stavovima. I kad nisu bili prihvatljivi za većinu, stavove aktiva je praktično bilo nemoguće odbaciti, jer je iza njih stajala celokupna elita mesne zajednice koja je, nasuprot eventualnim nepovezanim kontrainicijativama pojedinih građana, istupala jedinstveno i organizovano. Time je najveći deo građana faktički lišavan mogućnosti da stvaralački učestvuje u politici mesne zajednice.

Ali ni politički aktiv u pomenutom sastavu nije bio najizvorniji akter politike u mesnoj zajednici. Kao nosioci političkih inicijativa najčešće su se javljali rukovodioci društveno-političkih organizacija i organa mesne zajednice. Oni su često postizali i preliminarne dogovore koje je politički aktiv u širem sastavu samo potvrđivao. Ponekad su se i sukobi među rukovodećim ličnostima prenosili na politički aktiv pa i na celu mesnu zajednicu. Ukoliko bi pak jedna od rukovodećih ličnosti uspela da za svoje stavove pridobije ostale, ona je lako obezbeđivala svoj uticaj na ceo aktiv. Tako je uspostavljana opšta hijerarhija odnosa u mesnoj zajednici koja je, iako formalno neinstitucionalizovana, obezbeđivala dominaciju najuže elite ili čak pojedinih ličnosti.

Sa razvojem samoupravnog zadovoljavanja zajedničkih potreba počeo je bitno da se menja način odlučivanja u mesnoj zajednici. Samoupravno udruživanje rada i sredstava nije se moglo pomiriti s predstavničkim odlučivanjem. I kad se zadržava, ovakvo odlučivanje pri samoupravnom zadovoljavanju zajedničkih potreba neizbežno gubi svoja suštinska obeležja. Odlučujuća uloga u donošenju odluka sada prelazi na oblike neposrednog izjašnjavanja građana.

To je odgovarajući izraz moralo naći i u normativnom regulisanju odnosa u mesnoj zajednici. Savet je gubio kompetencije koje je imao pri budžetskom finansiranju i faktički se pretvarao u izvršni organ zbora građana. Izmenjenim statutima većine ispitivanih zajednica utvrđena je obaveza saveta da o najznačajnijim pitanjima, kao što su statut i druga normativna akta, program rada, finansijski plan i završni račun, raspisivanje samodoprinosa, osnivanje radnih organizacija, udruživanje sredstava, i slično, pre odlučivanja traži i neizostavno uvažava mišljenje zbora građana.

Izmenjene kompetencije saveta dovode do odgovarajućih promena i u njegovom odnosu prema društveno-političkim organizacijama. Samoupravnim aktima sve većeg broja mesnih zajednica utvrđuje se obaveza saveta da pre odlučivanja konsultuje ove organizacije i razmatra njihove predloge. Razvoj samoupravnog zadovoljavanja zajedničkih potreba objektivno dovodi rad saveta u sve veću zavisnost od političkih opredeljenja građana, pa samim tim i od stavova društveno-političkih organizacija.

Društveno-političke organizacije dolaze sada u poziciju da mogu odlučujuće uticati na sadržinu samoupravnih odluka, ali pod uslovom da u njihovim akcijama neposredno učestvuje celokupno članstvo. To, u stvari, znači da se i rad njihovih organa dovodi u direktnu zavisnost od demokratski izraženih opredeljenja građana, čime se objektivno ukida mogućnost da se oni postavljaju iznad mesne zajednice i organa samoupravljanja. Ovaj prelaz je svoj izraz dobijao u širenju prakse konsultovanja članstva o značajnijim pitanjima političkog delovanja.

Subjektivni činioci igraju sada sve manju ulogu u odnosima između saveta i organa društveno-političkih organizacija, jer svi moraju da polaze od objektivno utvrđenih zajedničkih interesa i opšteg raspoloženja građana. Time i politički aktiv gubi ulogu koju ima pri budžetskom finansiranju. Da bi se određeni stavovi realizovali, potrebno je da izražavaju volju većine građana, što podrazumeva da u političkom dogovaranju stvarno svi učestvuju. U svim akcijama koje su se zasnivale na samoupravnom udruživanju rada i sredstava uloga aktiva se praktično svodila na organizatorsku funkciju u pripremanju i vođenju akcije.

Ukoliko se, međutim, sa širenjem samoupravnog udruživanja rada i sredstava još zadržava budžetsko finansiranje, to uslovljava da se uporedo sa razvijanjem samoupravnog dogovaranja još održava i posredničko odlučivanje. I jedno i drugo teži da se proširi na celokupnu aktivnost u mesnoj zajednici. Iako je to, zbog različitih društveno-ekonomskih odnosa objektivno nemoguće, neadekvatni oblici odlučivanja ipak otežavaju zadovoljavanje zajedničkih potreba. Tendencije posredničkog odlučivanja u svakom slučaju sputavaju samoupravno zadovoljavanje zajedničkih potreba, jer putem takvog odlučivanja ne može da se vrši samoupravno udruživanje rada i sredstava.

Sa stvaranjem institucionalnih predpostavki za razvijanje samoupravnih društveno-ekonomskih odnosa, Ustavom 1974. stvorene su istovremeno odgovarajuće pretpostavke i za razvijanje neposrednog samoupravnog dogovaranja. Neposredno izjašnjavanje radnih ljudi i građana stavljeno je u osnovu celokupnog sistema samoupravnog odlučivanja. Uspostavljanjem delegatskog sistema stvoreni su preduslovi da se na bazi takvog izjašnjavanja donose odluke u svim sferama i na svim nivoima društvenog organizovanja.

Pošto su Ustavom društveno-političke organizacije definisane kao integralni deo samoupravnog sistema, neposredno izjašnjavanje radnih ljudi i građana istovremeno je postavljeno kao osnova celokupnog političkog dogovaranja. Iz neposredno izražene volje samoupravljača izvodi se celokupno društveno komuniciranje, čime se posredničko odlučivanje iz osnova zamenjuje neposrednim dogovaranjem. Time se stvaraju autentični institucionalni okviri za samoupravno zadovoljavanje zajedničkih potreba i otvara dugoročna perspektiva za njegovo svestrano razvijanje.

Samoupravno odlučivanje može se, međutim, razvijati samo u meri u kojoj se razvija samoupravno udruživanje rada i sredstava. Dosadašnje iskustvo pokazuje da se i oblici neposrednog izjašnjavanja samoupravljača svode na formalnost ako se ne zasnivaju na takvom udruživanju. To upravo potvrđuje da samoupravno odlučivanje svoj smisao nalazi samo u funkciji zajedničkog ovladavanja sredstvima i rezultatima rada od strane radnika. Zbog toga je stepen ovog ovladavanja jedino pravo merilo stvarne razvijenosti samoupravnog odlučivanja.

Prirodom samoupravnih društveno-ekonomskih odnosa određene su uostalom i osnovne karakteristike samoupravnog odlučivanja. Razlike u karakteru samoupravnog i posredničkog odlučivanja proističu upravo iz razlika u prirodi društveno-ekonomskih odnosa na kojima se zasnivaju. Zbog specifičnosti samoupravnih društveno-ekonomskih odnosa, samoupravno odlučivanje u svim fazama dobija kvalitetno drugačija obeležja. Iniciranje, donošenje i sprovođenje odluka bitno se razlikuju u posredničkom i samoupravnom odlučivanju.

INICIRANJE SAMOUPRAVNIH ODLUKA

Dosadašnja aktivnost mesne zajednice ukazuje na zakonitu vezu između ispoljavanja inicijative u odlučivanju i načina zadovoljavanja zajedničkih potreba. Kad se zajedničke potrebe zadovoljavaju na bazi administrativne koncentracije i distribucije sredstava, inicijative potiču uglavnom od organa koji i odlučuju o tim sredstvima. Inicijative koje bez materijalnog pokrića dolaze izvan ovih organa nemaju mnogo izgleda za realizaciju usled čega se retko i pojavljuju. Istraživanje je pokazalo da su u zajednicama koje egzistiraju na dotacijama iz budžeta inicijative i od strane pojedinih građana i od strane društveno-političkih organizacija veoma retke ili ih uopšte nema.

Sasvim je drugačije u zajednicama gde se vrši samoupravno udruživanje rada i sredstava. Ovde inicijative, po pravilu, potiču od strane zainteresovanih građana i prolaze određeni put demokratskog sučeljavanja u društveno-političkim organizacijama i organima samoupravljanja. Da li će se pojedine inicijative realizovati zavisi, pre svega, od toga da li stvarno izražavaju zajednički interes i da li će kao takve biti prihvaćene od većine građana. Moguće je da određene inicijative izražavaju zajednički interes a da ne budu prihvaćene zbog neshvatanja, kao i obratno, da iz zablude budu prihvaćene inicijative koje taj interes ne izražavaju.

Zbog toga je neophodno organizovano idejno-političko delovanje kroz koje se vrši kolektivno osmišljavanje pokrenutih inicijativa. Prihvatanje određenih inicijativa od većine podrazumeva, pored ostalog, da u njihovom osmišljavanju neposredno učestvuju svi zainteresovani građani. Da bi se obezbedilo njihovo prerastanje u samoupravne odluke, potrebno je da to budu isti subjekti koji će učestvovati i u donošenju ovih odluka.

Idejno-političko osmišljavanje pokrenutih inicijativa mora se, prema tome, pri samoupravnom odlučivanju vršiti u takvoj sveobuhvatnoj organizaciji kao što je organizacija Socijalističkog saveza. Ni jedna druga organizacija ne pruža tako široku mogućnost neposrednog učešća svih građana u pokretanju samoupravnih akcija i punovažnom izjašnjavanju o pokrenutim inicijativama. Time se, pre svega, može objasniti pojava da su organizacije Socijalističkog saveza najaktivnije u onim mesnim zajednicama u kojima je najrazvijenija samoupravna aktivnost na zadovoljavanju zajedničkih potreba.

U stvari, samoupravna aktivnost se najuspešnije odvija tamo gde se inicijative prethodno sučeljavaju i potvrđuju u organizaciji Socijalističkog saveza. To je praktično jedino mesto gde se sve inicijative mogu konfrontirati i gde se na demokratski način može vršiti izbor inicijativa koje najadekvatnije izražavaju zajednički interes građana. Zbog toga je neophodno da se u Socijalističkom savezu sa svojim inicijativama pojavljuju ne samo pojedinci već i sve ostale organizacije. Na takvo ponašanje samoupravno odlučivanje i objektivno vuče, jer masovno prihvatanje određenih inicijativa unapred obezbeđuje njihovo prerastanje u samoupravne odluke.

Nastojanja da svako za sebe direktno utiče na donošenje samoupravnih odluka znače paralelizam koji može dovoditi do nesporazuma i sukoba. Koordinaciju više nije moguće vršiti posredstvom političkih aktiva, jer se inicijative sve više javljaju izvan saveta i organa društveno-političkih organizacija. Funkciju koordinatora može efikasno ostvarivati samo organizacija Socijalističkog saveza, i to putem neposrednog dogovaranja svih članova.

Istraživanje je pokazalo da su se tendencije paralelizma javljale ne samo između društveno-političkih organizacija, već u još većoj meri između ovih organizacija i saveta mesne zajednice. Nesporazumi i sukobi započinjali su obično time što su preko saveta i organa društveno-političkih organizacija istovremeno pokretane različite akcije. Do sukoba je, međutim, dolazilo i onda kad su izostajale inicijative društveno-političkih organizacija, a javljali se pokušaji da se zaobiđe njihovo izjašnjavanje o određenim akcijama.

To samo ukazuje na neophodnost da se i inicijative organa samoupravljanja iznose i potvrđuju u Socijalističkom savezu. Pokušaji zaobilaženja organizacije Socijalističkog saveza mogu u uslovima integralnog samoupravljanja samo otežavati realizaciju pojedinih inicijativa. Od toga da li će mesna organizacija SSRN predstavljali stecište inicijativa u mesnoj zajednici odlučujuće zavisi kako će ona delovati kao **jedinstveni** front socijalističkih snaga i da li će samoupravne odluke zaista izražavati zajednički interes građana.

Samoupravna aktivnost mesne zajednice ne počiva, međutim, samo na inicijativama koje se u njoj javljaju. Za samoupravno zadovoljavanje zajedničkih potreba posebno su značajne inicijative iz organizacija udruženog rada. Ukoliko se više razvija neposredna saradnja između mesne zajednice i ovih organizacija, biće sve više ne samo pojedinačnih inicijativa radnika, već i kolektivnih inicijativa sindikalnih organizacija, zborova radnika i organa upravljanja, kako iz organizacija s područja određene mesne zajednice, tako i onih čiji radnici samo stanuju na tom području.

Mesna organizacija SSRN mora, prema tome, delovati kao organizovani front svih snaga
koje svoje interese zadovoljavaju na području
određene mesne zajednice. Ona se zbog toga ne
može bukvalno identifikovati sa svojim članstvom, kao što se ni mesna zajednica ne može
identifikovati sa svojim naseljem. Kao što mesna zajednica u određenom smislu znači produ
žetak osnovne organizacije udruženog rada, tako
i mesna organizacija SSRN znači svojevrstan
produžetak političkog organizovanja radnika.

Ukoliko se razvija samoupravno udruživanje rada i sredstava, logično je da se u mesnoj
organizaciji SSRN sve više pojavljuju kolektivne inicijative radnika. S obzirom da radnici u
osnovnoj organizaciji udruženog rada kolektivno odlučuju o izdvajanju sredstava za zajedničke potrebe, najcelishodnije je da se oni sa svojim inicijativama kolektivno pojavljuju i u
mesnoj zajednici. Kad radnici budu faktički odlučivali o celini ostvarenog dohotka, ove inicijative će činiti osnovu samoupravne aktivnosti
mesne zajednice, jer će udružena sredstva radnih organizacija predstavljati glavni izvor u zadovoljavanju njenih potreba.

Za sada izgleda kao da to ne važi i za seoske
zajednice u kojima preovlađuju pojedinačne inicijative individualnih proizvođača. Ali što se
bude više razvijala poljoprivredna kooperacija,
prirodno je očekivati da će inicijative za zadovoljavanje zajedničkih potreba sve više poticati
i od poljoprivrednih organizacija, odnosno oblika samoupravnog i političkog organizovanja poljoprivrednih proizvođača. Samo podruštvljavanje poljoprivredne proizvodnje uticaće da se i
podruštvljavanje inicijativa u zadovoljavanju
zajedničkih potreba vrši na izvoru zajedničkog
stvaranja dohotka.

U stvari, sasvim je prirodno pravilo da inicijativa u odlučivanju potiče od onoga ko raspolaže dohotkom, jer se ni jedna odluka ne može realizovati bez materijalnog pokrića. Predominantnost individualne inicijative u seoskim zajednicama rezultira iz predominantnosti individualnog privređivanja. Glavni nosilac inicijative u zadovoljavanju zajedničkih potreba i samoupravnom odlučivanju ni ovde nije bilo koji član mesne zajednice, već upravo starešina domaćinstva. Štaviše, u svesti je često starešina domaćinstva jedino i prisutan kao član mesne zajednice, a njegova saglasnost s određenim inicijativama i stavovima obično se uzima kao saglasnost celog domaćinstva.

Put do pune ravnopravnosti i u seoskoj zajednici vodi, prema tome, kroz podruštvljavanje proizvodnje koje uslovljava da se i inicijative za zadovoljavanje zajedničkih potreba podruštvljavaju već u toku stvaranja dohotka. Zajedništvo u pokretanju inicijativa ne isključuje, već naprotiv pretpostavlja individualnu inicijativnost. Ono je upravo rezultat slobodnog ispoljavanja individualnih inicijativa i neophodan uslov njihovog ostvarivanja. Zajednička inicijativa je uvek rezultat slobodnog udruživanja u cilju realizacije zajedničkog interesa.

Organizovano pokretanje akcija mesne zajednice od strane radnika je upravo jedan od uslova efikasnijeg ostvarivanja zajedničkih interesa. Sasvim je izvesno da će inicijative sindikalnih organizacija u mesnoj organizaciji SSRN biti više uvažavane i brže prihvatane nego inicijative pojedinih radnika kad istupaju neorganizovano. Pošto samo izdvajaju sredstva za zajedničke potrebe, radnici, u stvari, tek nakon dogovora u organizacijama udruženog rada mogu biti sigurni u ostvarljivost inicijativa koje u tom pravcu pokreću.

Inicijative u zadovoljavanju zajedničkih potreba ne mogu se, međutim, kretati samo u jednom smeru. One moraju ići kako od organizacija udruženog rada prema mesnoj zajednici, tako i od mesne zajednice prema organizacijama udruženog rada. U mesnoj zajednici se mogu najkompleksnije sagledavati zajedničke potrebe i najobjektivnije utvrđivati njihovi prioriteti.

Zbog toga je prirodno da radnici s inicijativama za zadovoljavanje ovih potreba iz mesne zajednice dolaze u organizaciju udruženog rada i tu se dogovaraju o mogućnostima njihove realizacije, odnosno o programiranju i planiranju životnog standarda. Nesumnjivo je da će akcija biti efikasnija ako se i u ovom slučaju inicijative prenose organizovano, to jest ako idu od organizacije SSRN i organa upravljanja u mesnoj zajednici prema organizaciji sindikata i organima upravljanja u organizaciji udruženog rada.

Organizovanost u zajedničkom pokretanju inicijativa ne podrazumeva nikakvu hijerarhiju u međusobnim odnosima njihovih nosilaca. Za razliku od posredničkog odlučivanja, samoupravno odlučivanje po svojoj prirodi isključuje svaki monopol na inicijativu, pa samim tim i hijerarhijske odnose koji iz njega proističu. Inicijativnost ovde ne zavisi od kakvog monopola, već pre svega od stepena motivisanosti svakog subjekta da se angažuje u pokretanju zajedničkih akcija.

Samim tim nestaju i transmisioni odnosi koji su pri posredničkom odlučivanju neizbežni između partijske organizacije i ostalih oblika političkog organizovanja. Savez komunista sada objektivno dolazi u ravnopravnu poziciju sa svim ostalim organizacijama i samo se idejno-političkim delovanjem može izboriti za društvenu afirmaciju svojih inicijativa. U uslovima samoupravnog odlučivanja dominacija njegovih inicijativa može se zasnivati jedino na dominaciji njihove progresivnosti.

Težište pokretačke aktivnosti organizacije Saveza komunista upravo i mora biti usmereno na stalni progres u samoupravnom razvoju mesne zajednice. To je bitno obeležje njene vodeće uloge, bez kojeg bi praktično izgubila smisao svog postojanja. Istraživanje je pokazalo da gde god je u tom pogledu izostajala inicijativa organizacija SK, to je dovodilo do njihovog »utapanja« u sredinu i gubljenja političkog uticaja.

Ostvarivanje vodeće uloge pretpostavlja, međutim, ne samo veću progresivnost inicijativa organizacije SK, već i prednjačenje u njihovom pokretanju. Komunisti zbog toga moraju brže od ostalih građana shvatati neophodnost revolucionarnih promena i odlučnije delovati u tom pravcu. Ukoliko organizacija SK zaostaje u pokretanju revolucionarnih inicijativa, one će se javljati izvan nje. U ispitivanim zajednicama u kojima su organizacije SK bile pasivne, takve inicijative su poticale iz drugih organizacija i organa samoupravljanja, ili su spontano ispoljavane.

Nedovoljna inicijativnost organizacija SK u fazi nastajanja mesnih zajednica može se, pored ostalog, objasniti time što su one do tada delovale uglavnom po direktivama komiteta, te nisu bile osposobljene za samostalno delovanje. Pored toga, u seoskim zajednicama, gde se samoupravno zadovoljavanje zajedničkih potreba najpre počelo razvijati, organizacije SK su i po broju članova i po njihovom socijalnom sastavu bile dosta slabe za ostvarivanje vodeće uloge. Zbog toga je razumljivo što je u ovakvim sredinama glavni nosilac incijative u samoupravnom odlučivanju često bila organizacija SSRN ili savet mesne zajednice.

Iako su u ovom slučaju inicijative poticale i od pojedinih članova SK, one nisu uvek prihvatane od ostalih članova. Tako je do međusobnog sučeljavanja mišljenja komunista umesto u organizaciji SK, dolazilo u Socijalističkom savezu i organima samoupravljanja, što je samo otežavalo samoupravnu akciju. To nedvosmisleno potvrđuje da organizovanu pokretačku aktivnost organizacije SK ne mogu zameniti pojedinačne inicijative njenih članova i da je upravo organizovano delovanje jedna od bitnih pretpostavki za ostvarivanje njene vodeće uloge u mesnoj zajednici.

Samo organizovanom akcijom komunisti mogu delovati kao faktor povezivanja i idejno--političkog usmeravanja celokupne samoupravne akivnosti u mesnoj zajednici. Da bi ostvarivala takvu funkciju, organizacija SK ne može ni u sastavu Socijalističkog saveza delovati uporedo s ostalim organizacijama, već mora unutar njih samih pokretati i usmeravati njihove akcije. Zbog toga je neophodno da ona deluje kao oblik akcionog povezivanja svih komunista u mesnoj zajednici bez obzira na oblike njihovog organizovanja i delovanja van mesne zajednice. Uspeh samoupravne akcije umnogome zavisi od toga koliko komunisti određene mesne zajednice deluju jedinstveno na njenom podsticanju i usmeravanju ne samo u naselju, već i u svojim radnim organizacijama.

U kom stepenu će se ostvarivati jedinstvo akcije i komunista i mesne zajednice u celini, zavisi pre svega od toga koliko je ona usmerena na ostvarivanje zajedničkog interesa građana. Zbog toga je neophodno da se već samo pokretanje samoupravnih akcija zasniva na objektivnom sagledavanju zajedničkih interesa. Sve češća primena naučnih metoda u ispitivanju zajedničkih potreba građana rezultira upravo iz nastojanja da se samoupravna akcija od samog početka pravilno usmeri i da se tako izbegnu proizvoljnosti koje mogu odvesti na stranputicu.

PRIPREMANJE I DONOŠENJE SAMOUPRAVNIH ODLUKA

Priprema odluke počinje, u stvari, već samim pokretanjem inicijative. Svaki predlog za pokretanje određene akcije mora pored cilja koji se želi postići, naznačavati i osnovne uslove za njegovo ostvarenje. Time se istovremeno naznačuje ne samo predmet, već i osnovni element odluke koju treba doneti. Tako se prihva-

tanjem određene inicijative unapred predodre-
đuje osnovna sadržina odgovarajuće odluke.

Onaj ko pokreće inicijativu ima, po pravi-
lu, odlučujuću ulogu u celom procesu pripprema-
nja odluke. U samoupravnom odlučivanju ova
se uloga, prema tome, prenosi na sve članove
mesne zajednice. Ukoliko građani učestvuju u
pokretanju zajedničkih akcija, oni će učestvo-
vati i u pripremanju odluka kojima se utvrđuju
zajednički ciljevi i način njihovog ostvarivanja.
Suština samoupravnog odlučivanja i jeste u to-
me da svi zainteresovani subjekti neposredno
učestvuju u celom postupku pripremanja i dono-
šenja odluka.

Kad je odlučivanje u funkciji samouprav-
nog zadovoljavanja zajedničkih potreba, onda je
u stvari, i neizbežno da u njemu svi zaintereso-
vani subjekti učestvuju od početka do kraja. Da
bi se odlučili na udruživanje rada i sredstava,
subjekti udruživanja moraju prethodno rašči-
stiti sve nesporazume do kojih može dolaziti u
njihovim međusobnim odnosima. Radi toga je
neophodno njihovo političko dogovaranje putem
kojeg će zajednički iznalaziti najprihvatljivija
rešenja za usklađivanje srodnih i prevazilaženje
protivrečnih interesa. Političkim dogovaranjem
se, u stvari, interesi različitih subjekata svode
na zajednički imenitelj koji se u njihovom da-
ljem komuniciranju pojavljuje kao zajednički
interes.

S obzirom na takvu ulogu, političko dogo-
varanje predstavlja najznačajniju fazu u pripre-
manju samoupravnih odluka. Kad je utvrđen
zajednički interes i positgnut načelan dogovor
o njegovom ostvarivanju, dalji postupak se
praktično svodi na konkretizaciju tog dogovo-
ra i normativno uobličavanje odluke. Ukoliko u
političkom dogovaranju neposredno učestvuju
svi zainteresovani subjekti, u sledećim fazama
neće dolaziti do nesporazuma koji bi dovodili u
pitanje postignuti dogovor.

To pretpostavlja da je politički dogovor do-
voljno konkretan, da jasno određuje suštinu

odluke. Pored cilja koji se želi postići on mora da naznačuje i uslove odnosno način izvođenja zajedničke akcije koji odgovaraju svim ili bar većini zainteresovanih subjekata. Time se u osnovi unapred definiše ceo tok i ishod zajedničke akcije, što je jedna od bitnih pretpostavki njenog uspešnog izvođenja. Da bi bio prihvaćen i realizovan, politički koncept programa i plana zadovoljavanja zajedničkih poreba mora pored naznačavanja konkretnih potreba da definiše i redosled njihovog zadovoljavanja, izvore i način udruživanja rada i sredstava, rezultate koji će se postići i učešće zainteresovanih subjekata u njihovom korišćenju.

Sasvim je razumljivo da se politički dogovori u kojima neposredno učestvuju svi zainteresovani subjeki moraju, po pravilu, postizati u organizaciji Socijalističkog saveza. To, međutim, ne isključuje potrebu za prethodnim dogovaranjem u ostalim organizacijama. Ukoliko pojedine organizacije istupaju s kolektivnim predlozima, u Socijalističkom savezu će se lakše i brže postizati zajednički dogovori. U određenim slučajevima to je čak i neophodno da bi se u organizaciji SSRN uopšte postizali punovažni dogovori. Naročito je neophodno da se o akcijama u kojima učestvuju i organizacije udruženog rada prethodno izjašnjavaju njihove sindikalne organizacije.

U svakom slučaju, neophodno je da organizacija SK prethodno zauzima stavove s kojima će komunisti jedinstveno istupati u drugim organizacijama, pa i u Socijalističkom savezu. Organizovano delovanje komunista treba sve organizacije da usmeri ka traženju rešenja na istoj liniji ostvarivanja radničko-klasnog, odnosno zajedničkog interesa. Osnovni uslov za to je da pre svega stavovi organizacije SK dosledno izražavaju ovaj interes.

Pošto se komunisti bore, pre svega, za klasnu sadržinu političkih dogovora, stavovi organizacije SK ne moraju predstavljati njihovu potpunu anticipaciju. Dovoljno je da oni jasno definišu idejno-političku orijentaciju na kojoj će se ti dogovori zasnivati. Stavovi organizacije SK moraju, međutim, biti dovoljno konkretni da nedvosmisleno određuju pravac svake konkretne akcije. Od toga umnogome zavisi ne samo idejna određenost već i efikasnost dogovora koji se postižu u organizaciji Socijalističkog saveza.

Efikasnost političkih dogovora zavisi, međutim, ne samo od toga koliko oni izražavaju zajednički interes, već i da li u njima učestvuju svi zainteresovani subjekti. Ukoliko se ovi subjekti opredele za određena rešenja u fazi političkog dogovaranja, sigurno je da će se oni za njih izjasniti i pri donošenju samoupravnih odluka. Nasuprot tome, neučestvovanje svih zainteresovanih subjekata u političkom dogovaranju može imati za posledicu da se oni pri donošenju samoupravnih odluka zbog neshvatanja ne izjasne za dogovorena rešenja i kad ona izražavaju njihove interese.

Opšte učešće zainteresovanih subjekata u političkom dogovaranju ne podrazumeva, međutim, i opštu saglasnost s postignutim dogovorima. Dok postoje divergentni interesi, takvu saglasnost objektivno nije moguće uvek postići. Zbog toga će u određenim situacijama dolaziti do konfrontacije različitih stavova koji se ne mogu usaglasiti, pa će politički dogovor predstavljati stavovi koje je prihvatila većina. Time se značaj dogovaranja ne umanjuje, jer je i pri donošenju samoupravnih odluka odlučujući glas većine.

Demokratski dogovor postignut u organizaciji Socijalističkog saveza čini, u stvari, osnovu samoupravne odluke. Njegovom razradom i normativnim uobličavanjem dolazi se do predloga odluke, čija je izrada posao organa upravljanja i njihovih radnih tela. Dosledno sprovođenje političkog dogovora predstavlja najznačajniji uslov koji u ovoj fazi pripremanja odluke treba ispuniti. Zato je najcelishodnije da se njegova razrada i normativno uobličavanje poveravaju građanima koji su se najviše angažovali i u njegovom izgrađivanju. To nikako ne isključuje političku odgovornost organa upravljanja. U stvari, ne samo što bi njihovi članovi morali spadati među najaktivnije učesnike političkog dogovaranja, nego bi i oni sami morali u Socijalističkom savezu istupati s kolektivnim inicijativama i predlozima stavova. Organi upravljanja se ne mogu neutralno odnositi prema akcijama društveno-političkih organizacija, ali ne mogu delovati ni kao zasebna politička snaga. Političko delovanje i upravljanje moraju u samoupravnom odlučivanju biti do kraja sjedinjeni.

Kad su u Socijalističkom savezu postignuti konkretni politički dogovori, nema nikakve potrebe da se o predlozima samoupravnih odluka ponovo raspravlja u društvenu-političkim organizacijama. Utoliko pre, što su učesnici u političkom dogovaranju i učesnici u donošenju samoupravnih odluka isti subjekti. Ukoliko predlog odluke ne odgovara političkom dogovoru, odluka neće biti ni donesena.

Praksa da se pred društveno-političke organizacije izlazi s normativno već uobličenim predlozima odluka proističe, u stvari, otuda što njihovu društveno-političku sadržinu određuju uže grupe ili pojedinci. Tada se od društveno-političkih organizacija, a najčešće samo od njihovih izvršnih organa traži i obično dobija manje više formalna saglasnost koja se koristi kao političko pokriće, iako političkog izjašnjavanja građana stvarno nije bilo. Pri samoupravnom zadovoljavanju zajedničkih potreba takva se praksa, međutim, ne može dugo održati, jer je u suprotnosti sa samom suštinom samoupravne akcije.

Pored dosledne razrade političkih dogovora u kojima su neposredno učestvovali svi zainteresovani subjekti, u ovoj fazi pripreme samoupravnih odluka moraju biti ispunjena još bar dva značajna uslova. Jedan je precizno i jasno formulisanje predloga odluka tako da budu do kraja razumljivi za sve učesnike odlučivanja; i drugi, pravovremeno upoznavanje učesnika odlučivanja kako sa samim predlozima odluka tako i sa svim ostalim elementima potrebnim za odlučivanje. Kad su ispunjeni ovi uslovi, samo donošenje samoupravnih odluka ne predstavlja poseban problem. Njime se samo potvrđuje opredeljenje kolektivno izraženo kroz političko dogovaranje. To pokazuje da je donošenje odluke organski povezano s njihovom pripremom i da je aktivno učešće u pripremi bitan uslov stvarnog učešća u donošenju odluka.

Donošenje samoupravnih odluka, kao i njihovu političku pripremu, karakteriše neposredno učešće svih zainteresovanih subjekata. Bez neposrednog izjašnjavanja zainteresovanih subjekata u odlučujućim fazama samoupravnog dogovaranja ne može, u stvari, ni biti samoupravljanja. Zato je razumljivo što Ustav iz 1974. takvo izjašnjavanje stavlja u osnovu funkcionisanja celokupnog sistema samoupravljanja.

Ustav je utvrdio **referendum** i **zbor** kao osnovne oblike neposrednog izjašnjavanja i odlučivanja radnih ljudi i građana. Oba oblika omogućavaju neposredno učešće svih zainteresovanih subjekata i podrazumevaju da se odluke donose opredeljivanjem većine učesnika. Zahvaljujući tome, referendum i zbor su se u praksi još pre Ustava potvrdili kao autentični oblici samoupravnog odlučivanja koje u potpunosti odgovaraju zahtevima samoupravnog zadovoljavanja zajedničkih potreba.

Referendum omogućava najveću slobodu i relativno najveću objektivnost u neposrednom izjašnjavanju subjekata odlučivanja. On isključuje mogućnost direktnog uticaja na opredeljivanje, pa time i mogućnost političkog ili bilo kakvog pritiska na ove subjekte. Time se obezbeđuje relativno najveći stepen ravnopravnosti koja predstavlja jedno od osnovnih obeležja samoupravnog odlučivanja. Za donošenje jednostavnih odluka referendum je i sasvim dovoljan oblik izjašnjavanja.

Referendum, međutim, nije sam za sebe dovoljan i za donošenje složenijih odluka o kojima se mora prethodno raspravljati na zboru. O normativnim aktima, ili programu zadovoljavanja zajedničkih potreba, na primer, referendumom se nije moguće izjasniti dok se o njihovim pojedinim odredbama ili stavkama ne postigne prethodna saglasnost većine zainteresovanih subjekata. Politički dogovori u ovom slučaju nisu dovoljni da bi se s predlozima odluka moglo odmah ići na referendum.

Prednost zbora je u tome što se zainteresovani subjekti mogu izjašnjavati i usaglašavati stavove ne samo o celini odluke već i o pojedinostima. A pošto se o celini odluke često nije ni moguće izjasniti dok se ne postigne saglasnost o pojedinostima, referendum i zbor su podjednako neophodni oblici neposrednog izjašnjavanja. Određene odluke mogu se donositi putem jednog ili drugog oblika, dok je za najznačajnije odluke neophodan i jedan i drugi.

SPROVOĐENJE SAMOUPRAVNIH ODLUKA

Neposredno učešće svih zainteresovanih subjekata u donošenju samoupravnih odluka je bitna pretpostavka i za njihovo demokratsko sprovođenje. Samoupravne odluke se, u stvari, i ne mogu sprovoditi drugačije nego kao što se i donose, to jest organizovanom akcijom svih članova samoupravne zajednice. Zbog toga građani samoupravno organizovani u mesnu zajednicu igraju odlučujuću ulogu i u donošenju i u sprovođenju odluka o zajedničkim potrebama.

Po tome se samoupravno odlučivanje bitno razlikuje od predstavničkog odlučivanja, gde odlučujuću ulogu i u donošenju i u sprovođenju odluka igraju izabrani predstavnici. U predstavničkoj demokratiji na izabrane predstavnike pada praktično sva odgovornost za zadovoljavanje zajedničkih potreba. Zbog toga sprovođenje odluka koje donose predstavnički organi, i kad one izražavaju interese većine građana, nužno pretpostavlja oslanjanje na prinudu. Kad ne učestvuju u donošenju odluka o zajedničkim potrebama, građani ne osećaju odgovornost za njihovo sprovođenje ni onda kada su svesni da su one u njihovom interesu. Otuda je neophodna pretnja prinudom, pa i sama prinuda koja podrazumeva postojanje posebnog, za takvu funkciju kvalifikovanog aparata.

Pošto u samoupravnoj zajednici građani neposredno odlučuju o zadovoljavanju zajedničkih potreba, oni se sami angažuju na sprovođenju donesenih odluka. Masovna aktivnost članova mesne zajednice na sprovođenju samoupravnih odluka ovde direktno proističe iz njihovog interesa za zadovoljavanjem zajedničkih potreba. Ostvarivanje samoupravnih odluka javlja se kao neposredna životna potreba samoupravljača koju u pogledu efikasnosti ne može zameniti nikakva spoljašnja prinuda. U svim ispitivanim zajednicama građani su odluke koje su neposredno donosili znatno urednije izvršavali od odluka koje su u njihovo ime donosili izabrani organi.

Za sprovođenje samoupravnih odluka odlučujući značaj ima, u stvari, njihova politička priprema. Da bi se angažovali na sprovođenju određenih odluka, građani moraju, pre svega, shvatiti njihov značaj za ostvarivanje zajedničkog interesa, što pretpostavlja odgovarajuću idejno-političku aktivnost. Spremnost za sprovođenje samoupravnih odluka izražava se već kroz političko opredeljivanje za rešenja koja izražavaju zajednički interes.

Neposredno izjašnjavanje građana za određene odluke pogotovu predstavlja garanciju da će se oni dobrovoljno angažovati na njihovom sprovođenju. Ono je definitivna potvrda kolektivne rešenosti da se zajedničkom akcijom ostvare određeni zajednički interesi. Pošto se donošenje odluka zasniva na slobodnom samoopredeljenju građana, i njihovo sprovođenje glavni oslonac nalazi u dobrovoljnoj aktivnosti.

Ukoliko, međutim, zajedničke potrebe ne izražavaju opšti interes svih članova samoupravne zajednice, u sprovođenju samoupravnih odluka ne može se računati na punu dobrovoljnost. Pojedinci će nastojati da izbegnu izvršenje odluka koje ne odgovaraju njihovim interesima. Zbog toga se ovde postavlja problem odnosa manjine prema odlukama za koje se izjasnila većina, kao što se u sistemu predstavničke demokratije javlja problem odnosa većine prema odlukama koje donosi manjina.

Ali dok se predstavnička demokratija, upravo zbog potrebe pokoravanja većine manjini, mora oslanjati prvenstveno na državnu prinudu, manjina se na sprovođenje samoupravnih odluka može u velikoj meri privoleti i putem moralno-političkog pritiska od strane većine. Iskustvo pokazuje da je ovakav pritisak čak daleko efikasniji od državne prinude, jer dovodi do izvesne socijalne izolacije koja ima znatno teže posledice od primene državnih sankcija. Sa razvojem samoupravljanja moralno-politička osuda u svakom slučaju postaje sve efikasnija, jer ukoliko je zajednički život razvijeniji utoliko se socijalna izolacija teže podnosi.

Pa ipak, samoupravljanje se ne može u potpunosti lišiti prinude. Pojedinci će, bez obzira na moralno-političku osudu, nastojati da izbegnu izvršavanje samoupravnih odluka, čak i onda kad one odgovaraju njihovom interesu. Primeri iz prakse pokazuju da pojedini građani ne uplaćuju samodoprinos ni onda kad njegova namena služi zadovoljavanju i njihovih potreba. Tako oni, u stvari, svoje potrebe zadovoljavaju na račun ostalih građana.

U vezi s tim nastala je dilema da li mesna zajednica treba da ima vlastita sredstva prinude. Iskustvo, međutim, pokazuje da je u sprovođenju samoupravnih odluka potreba za prinudom toliko mala da bi stvaranje posebnog mehanizma prinude u mesnoj zajednici bilo necelishodno i u svakom slučaju neracionalno. Potrebe mesnih zajednica mogu u potpunosti zadovoljavati opštinski organi prinude koji će sa razvojem samoupravljanja i sami imati sve manje posla.

Što se mesna zajednica više razvija kao samoupravna asocijacija, pojedinci će se sve teže odlučivati na ignorisanje normi zajedničkog života. Samoupravno zadovoljavanje zajedničkih potreba stvara svest o kolektivnoj egzistenciji, odnosno uzajamnoj uslovljenosti životne egzistencije pojedinaca. Već iz samog iskustva zajedničke egzistencije rađa se saznanje da ignorisanje važećih normi te egzistencije dovodi do izolacije pojedinaca koja otežava njihovu poziciju u samoupravnoj zajednici.

U izgradnju svesti o zajedničkoj egzistenciji relativno najveću ulogu igraju društveno-političke organizacije. Kroz idejno-političku konfrontaciju najbrže se dolazi do saznanja o zajedničkim interesima i nemogućnosti izolovane individualne egzistencije. Za stvaranje takvog saznanja potrebno je, međutim, da društveno-političke organizacije deluju kao oblici masovne aktivnosti svih članova mesne zajednice, jer to nije moguće postići posredničkim delovanjem. Što više građana aktivno učestvuje u stvaranju javnog mnenja, to će njegova snaga biti veća, a broj onih koji će ga ignorisati manji. Ispitivanje je pokazalo da se zajednički dogovori najpotpunije izvršavaju tamo gde je društveno-politička aktivnost najrazvijenija.

OBLICI SAMOUPRAVNOG ODLUČIVANJA U MESNOJ ZAJEDNICI

Razlike u nivou zadovoljavanja zajedničkih potreba objektivno uslovljavaju različite oblike samoupravnog odlučivanja u mesnoj zajednici. O zadovoljavanju potreba određenog naselja mesna zajednica može sama odlučivati, dok se u zadovoljavanju širih društvenih potreba mora udruživati s drugim samoupravnim zajednicama. Otuda se mogu razlikovati dva osnovna oblika odlučivanja mesne zajednice: samoodlučivanje i suodlučivanje.

SAMOODLUČIVANJE

Samoodlučivanje se u suštini zasniva na samofinansiranju mesne zajednice. Ono pretpostavlja da se sredstva za potrebe određenog naselja samoupravno udružuju i da njima mesna zajednica odnosno osnovne interesne jedinice samostalno raspolažu. Kad upravljanje ovim sredstvima ne zadire u interese drugih zajednica, uplitanje sa strane ne samo što je izlišno već i otežava kvalifikovano samoupravno odlučivanje. O stvarnim potrebama mesne zajednice ne može niko meritornije odlučivati nego što je to ona sama u stanju.

Na proširivanje delokruga samoodlučivanja mesne zajednice znatno je uticala decentralizacija nadležnosti opštinskih organa vlasti. Prenošenje određenih poslova na mesnu zajednicu automatski je dovodilo do proširivanja obima pitanja o kojima ona autonomno odlučuje. Prirodno je da se sa razvojem samoupravljanja ovaj proces i dalje odvija da bi u nadležnosti mesne zajednice ostala sva pitanja o kojima ona može autonomno odlučivati. Za razvijeno samoupravljanje je nelogično da se o određenim pitanjima odlučuje na nivou opštine ako se o njima može odlučivati u osnovnim samoupravnim zajednicama.

Značajnu ulogu u proširivanju delokruga samoodlučivanja mesne zajednice ima porast životnog standarda odnosno materijalne i duhovne kulture građana. U zajednicama koje su se intenzivno razvijale, ovaj faktor je igrao čak značajniju ulogu od decentralizacije nadležnosti opštinskih organa. Logično je očekivati da će u perspektivi porast materijalnog i duhovnog blagostanja najviše uticati na razvijanje zajedničkog života u mesnoj zajednici, pa time i na proširivanje obima pitanja o kojima će ona autonomno odlučivati.

Samoodlučivanje mesne zajednice podrazumeva da se inicijative za zadovoljavanje zajedničkih potreba začinju i završavaju u mesnoj zajednici. Građani određene mesne zajednice sami pokreću zajedničke akcije i sami odlučuju o njihovom sprovođenju. Ne postoji nikakva potreba za dogovaranjem s drugim zajednicama, niti su ove za to zainteresovane. Zbog toga se o sudbini određenih inicijativa odlučuje u istoj mesnoj zajednici gde su i nastale.

I sve ostale faze samoodlučivanja počinju i završavaju u mesnoj zajednici. Pripremanje, donošenje i sprovođenje odluka je stvar same mesne zajednice čije se potrebe zadovoljavaju. Objektivno ne postoji nikakva potreba da u tome sudeluje i neko izvan mesne zajednice. Građani mogu sami, bez ičije pomoći i upliva sa strane, da kvalifikovano pripremaju, donose i sprovode odluke o zadovoljavanju zajedničkih potreba.

Za ostvarivanje samoodlučivanja neophodna je puna samostalnost samoupravne akcije u mesnoj zajednici. Ne samo što nije potrebno već objektivno nije ni moguće da se ova akcija pokreće i vodi sa strane. Ona po svojoj prirodi predstavlja neposredni izraz izvorne samoaktivnosti samoupravno organizovanih građana. To podrazumeva da se građani sami organizuju i deluju na ostvarivanju zajedničkih interesa.

S obzirom na ulogu koju imaju u vođenju samoupravne akcije, samostalnost društveno-političkih organizacija je od presudnog značaja za ostvarivanje samoodlučivanja mesne zajednice. Samostalno pripremanje, donošenje i sprovođenje samoupravnih odluka nužno pretpostavlja i samostalno političko dogovaranje građana. To praktično znači da stavovi mesnih organizacija na kojima se zasnivaju samoupravne odluke predstavljaju definitivne dogovore koje članovi tih organizacija međusobno sami postižu, bez podsticanja i usmeravanja sa strane.

Problem za osamostaljivanje mesnih organizacija predstavlja, međutim, nasleđena hijerarhijska vezanost za profesionalni aparat. Dok su organi samoupravljanja u mesnoj zajednici nastajali i delovali uporedo s državnim organima vlasti, mesne organizacije su zatečene kao transmisije opštinskih organa, po čijim direktivama su uglavnom i delovale. Njihovo osamostaljivanje kukobljava se ne samo s nasleđenom inertnošću već i s tendencijama zadržavanja hijerarhijskih odnosa.

Težnje za osamostaljivanjem mesnih organizacija često se pogrešno izjednačavaju s anarhizmom. Samostalno delovanje, međutim, ne isključuje, već naprotiv pretpostavlja njihovu povezanost s ostalim organizacijama u jedinstvenom sistemu samoupravljanja. Da bi činili idejno-političku orijentaciju samoupravne akcije, njihovi stavovi moraju odgovarati opštedruštvenim normama u čijem izgrađivanju mesne organizacije i same učestvuju. Polazeći od ovih normi i konkretnih ciljeva samoupravnog razvoja društva, mesne organizacije svojim delovanjem obezbeđuju da se samoodlučivanje mesne zajednice ostvaruje u skladu s interesima radničke klase.

Samoodlučivanje, prema tome, ne predstavlja autarhiju. Ono znači da mesna zajednica autonomno odlučuje samo o onim pitanjima koje se tiču isključivo njenih interesa. Posebni interesi mesne zajednice i ne mogu predstavljati osnovu njenog neposrednog povezivanja s drugim zajednicama, koje podrazumeva postojanje određenog zajedničkog interesa. Ali pošto su posebni i zajednički interesi nerazdvojno povezani, mesna zajednica deluje samo kao samostalni deo širih samoupravnih zajednica.

Mesna zajednica, međutim, ni sama ne deluje kao prosta asocijacija. Ne samo što se unutar nje konstituišu interesne jedinice koje samostalno odlučuju o određenim zajedničkim potrebama, nego se i u pojedinim delovima naselja građani mogu samostalno dogovarati o pitanjima koja se tiču samo njihovih interesa. Već u dosadašnjoj aktivnosti mesnih zajednica bila je dosta raširena pojava samoinicijativnog udruživanja građana određene ulice ili zaseoka radi zadovoljavanja određenih potreba za koje ostali delovi naselja nisu bili zainteresovani. Samoodlučivanje mesne zajednice odnosi se, prema tome, samo na ona pitanja koja su od interesa za celu ili veći deo zajednice. Nema nikakve potrebe, niti je u razvijenom samoupravljanju praktično moguće da se na nivou cele mesne zajednice odlučuje o svim zajedničkim potrebama građana. Zato se samoodlučivanje javlja kao oblik samoupravnog dogovaranja građana i u pojedinim delovima mesne zajednice.

SUODLUČIVANJE

Osnovu suodlučivanja čini samoupravno udruživanje rada i sredstava između dveju ili više samoupravnih zajednica. Ukoliko rad i sredstva udružuje s drugim zajednicama, mesna zajednica s njima zajednički odlučuje o uslovima i načinu zadovoljavanja potreba radi kojeg se udruživanje vrši. Ravnopravno učešće u odlučivanju predstavlja, u stvari, neizostavni uslov samoupravnog udruživanja. Dominacija je ovde praktično isključena, jer se udruživanje vrši na bazi slobodnog opredeljivanja zainteresovanih zajednica.

Samoupravno suodlučivanje podrazumeva, pre svega, punu ravnopravnost u pokretanju zajedničkih akcija koja znači ne samo mogućnost da se svako javlja kao inicijator, već u prvom redu ravnopravan tretman svih inicijativa u postupku demokratskog izjašnjavanja o njihovoj prihvatljivosti. To je moguće obezbediti samo ako zainteresovane zajednice zajednički odlučuju o sudbini pokrenutih inicijativa. Za razliku od predstavničke demokratije, gde se izvršni organi vlasti javljaju ne samo kao arbitri već i kao glavni inicijatori, kod samoupravnog suodlučivanja svi ravnopravno učestvuju kako u pokretanju, tako i u izboru pokrenutih inicijativa. S obzirom na ulogu koju društveno-političke organizacije imaju u samoupravnom odlučivanju, suodlučivanje mora dovesti do radikalnih promena i u njihovim unutarnjim odnosima. Umesto odlučujuće uloge izvršnih organa, sa razvojem samoupravljanja do izražaja sve više dolazi aktivna uloga članstva kako u pokretanju i izboru inicijativa, tako i postizanju političkih dogovora o zajedničkim akcijama. Kroz mesne organizacije građani se na svim nivoima političkog organizovanja pojavljuju kao kolektivni inicijator i politički inspirator ovih akcija.

Dok pri predstavničkom odlučivanju mesne organizacije samo biraju političke predstavnike koji u njihovo ime deluju, pri samoupravnom suodlučivanju one se, zajedno s političkim organizacijama u osnovnim organizacijama udruženog rada, neposredno dogovaraju o zajedničkom delovanju. Na ovom dogovaranju zasniva se ceo sistem političkog dogovaranja u integralnom sistemu samoupravljanja. U forumima se sada umesto dogovaranja izabranih predstavnika faktički vrši dogovaranje samih organizacija.

Na toj osnovi opštinska organizacija se konstituiše i deluje kao demokratska asocijacija osnovnih organizacija, kroz koje članstvo neposredno učestvuje u pokretanju i vođenju zajedničkih akcija u opštini. Takvo organizovanje i delovanje pruža široke mogućnosti da se unutar pojedinih delova opštinske zajednice vrši neposredno akciono povezivanje manjeg ili većeg broja osnovnih organizacija. Potreba za ovakvim povezivanjem javlja se naročito u okviru proizvodnih i interesnih asocijacija koje deluju kao stalni oblici samoupravnog udruživanja.

Političko delovanje putem neposrednog povezivanja osnovnih organizacija je nužna pretpostavka samoupravnog suodlučivanja. Jedino takvo delovanje omogućava da građani kroz mesnu zajednicu stvarno učestvuju u odlučivanju o svim zajedničkim potrebama. Forumsko delovanje koje isključuje neposredno učešće članstva, svodi samoupravno suodlučivanje na formalnost, ili ostaje bez stvarnog efekta, ali odsustvo političkog dogovaranja članstva u svakom slučaju ostavlja mogućnost za dominaciju užih grupa i parcijalnih interesa.

Neposrednim dogovaranjem osnovnih organizacija treba da se definiše zajednički interes subjekata suodlučivanja i pronađu najprogresivnija rešenja za prevazilaženje postojećih protivrečnosti u njihovim međusobnim odnosima. Takvi dogovori predstavljaju polaznu osnovu zajedničkih odluka, kojom se utvrđuju zajednički ciljevi i osnovni uslovi njihovog ostvarivanja. Društveno-političke organizacije se na taj način javljaju kao bitan činilac samoupravnog suodlučivanja.

Da bi se dosledno izrazio zajednički interes određenih samoupravnih zajednica, donošenju njihovih zajedničkih odluka mora, prema tome, prethoditi političko dogovaranje. Ukoliko utvrđuje zajednički cilj i osnovne uslove njegovog ostvarivanja, politički dogovor time praktično predodređuje suštinu zajedničke odluke. Političko suodlučivanje se na taj način javlja kao osnova samoupravnog suodlučivanja.

U dosadašnjoj praksi političko dogovaranje samoupravnih zajednica je, međutim, najčešće izostajalo, što je doprinosilo da se u suodlučivanju zadržavaju formalno-demokratska obeležja. Uzroci takve prakse leže, pored ostalog, i u odsustvu odgovarajućeg samoupravnog iskustva. Za razliku od samoodlučivanja, samoupravno suodlučivanje je praktično počelo da se razvija tek početkom sedamdesetih godina, sa konstituisanjem integralnog samoupravljanja. Takvo odlučivanje je, u stvari, jedino i moguće u sistemu integralnog samoupravljanja.

Ustavom 1974. samoupravno sporazumevanje, društveno dogovaranje i delegatsko odlučivanje u skupštinama interesnih i društveno-političkih zajednica institucionalizovani su kao stalni oblici samoupravnog suodlučivanja. Stvarno suodlučivanje do sada je, međutim, ostvarivano samo u onoj meri u kojoj je razvijano samoupravno udruživanje rada i sredstava. Otuda su mesne zajednice najmanji udeo imale u odlučivanju društveno-političkih i interesnih zajednica gde je još zadržana administrativna koncentracija sredstava.

Ukoliko je, međutim, između samoupravnih zajednica vršeno samoupravno udruživanje rada i sredstava, relativno brzo je nalažen pravi put za stvarno suodlučivanje, jer se takvo udruživanje nije moglo izvoditi putem posredničkog odlučivanja. Dosadašnje iskustvo je već potvrdilo osnovne pretpostavke samoupravnog suodlučivanja. Danas je sasvim izvesno da pre svega bez jasno definisanog zajedničkog interesa ne može biti stvarnog suodlučivanja, pa samim tim ni pravog samoupravnog udruživanja. Mnogi samoupravni sporazumi su bukvalno nametani, jer ili nisu dosledno izražavali zajednički interes, ili nisu bili do kraja shvaćeni od subjekata suodlučivanja. Negativne posledice su se najčešće ogledale u nesprovođenju takvih sporazuma.

To ukazuje na neophodnost da suodlučivanje prolazi u suštini sve faze samoupravnog odlučivanja kroz koje prolazi i samoodlučivanje. Između samoodlučivanja i suodlučivanja u stvari i nema suštinske razlike. I jedno i drugo karakteriše neposredno učešće svih zainteresovanih samoupravljača u svim osnovnim fazama odlučivanja. Samoupravno suodlučivanje kao i samoodlučivanje podrazumeva pre svega neposredno izjašnjavanje svih članova samoupravne zajednice.

Razlika između samoodlučivanja i suodlučivanja je, prema tome, relativna. I samoodlučivanje mesne zajednice može se shvatiti kao suodlučivanje njenih članova, kao što se suodlučivanje osnovnih odnosno užih zajednica može shvatiti kao samoodlučivanje šire zajednice u koju su ove udružene. Razlika je u tome što se u prvom slučaju samoupravljači pojavljuju samo kao individualni, a u drugom i kao individualni i kao kolektivni učesnici odlučivanja. Pred članovima drugih zajednica član mesne zajednice ne istupa sa svojim individualnim stavovima, već sa stavovima svoje mesne zajednice. Opšte sučeljavanje individualnih stavova ne samo što je praktično neizvodljivo, već je sa stanovišta samoupravnog odlučivanja i necelishodno. Da bi određeni stavovi bili prihvaćeni u društvu, moraju najpre biti prihvaćeni u osnovnim, odnosno užim samoupravnim zajednicama. Jedino samoupravno odlučivanje omogućava da individualni stavovi svakog člana samoupravne zajednice kad izražavaju zajednički interes prerastaju u opštedruštvena opredeljenja.

Kao oblik samoupravnog odlučivanja, suodlučivanje isključuje svako posredništvo, pa i mogućnost da organi mesne zajednice istupaju u njeno ime. Zbog toga je i pri samoodlučivanju i pri suodlučivanju neophodan takav postupak pripremanja i donošenja odluka koji obezbeđuje neposredno i aktivno učešće svih članova samoupravne zajednice. To podrazumeva da se predlozi samoupravnih odluka sastavljaju na osnovu demokratski postignutih političkih dogovora, i da se pre njihovog usvajanja u skupštinama ili putem potpisivanja samoupravnih sporazuma i društvenih dogovora organizuje neposredno izjašnjavanje svih zainteresovanih subjekata u osnovnim samoupravnim zajednicama.

To je jedna od osnovnih pretpostavki dobrovoljnog sprovođenja zajedničkih odluka od strane subjekata suodlučivanja. Svest o zajedništvu interesa koja se takvim odlučivanjem razvija predstavlja i za samoupravne zajednice najsnažniji motiv angažovanja na ostvarivanju zajedničkih odluka. Ako se samoupravne odluke retko ignorišu od strane pojedinaca, pogotovu će se retko ignorisati od strane samoupravnih zajednica ako su one u njihovom pripremanju i donošenju neposredno učestvovale.

IV

ORGANIZACIJA
SAMOUPRAVLJANJA
U
MESNOJ
ZAJEDNICI

Iako razvoj samoupravljanja kao istorijski proces vodi deinstitucionalizaciji društvenog života, samoupravljanje još uvek predstavlja svojevrsnu institucionalizaciju. Bez određenih stalnih oblika organizovanja i delovanja samoupravna akcija bi praktično bila neizvodljiva. Zbog toga samoupravni razvoj mesne zajednice podrazumeva stvaranje odgovarajuće organizacije koja treba da obezbedi kontinuiranu samoupravnu aktivnost na zadovoljavanju zajedničkih potreba.

Već je dosadašnja praksa pokazala da samoupravljanje zahteva bitno drugačije oblike organizovanja od onih koji odgovaraju predstavničkoj demokratiji. Umesto prividno demokratskih institucija, preko kojih se u ime birača odlučuje o njihovoj sudbini, neophodno je takvo organizovanje samoupravne akcije koje omogućava neposredno dogovaranje građana o zajedničkim potrebama. Ali niti se takva organizacija može stvoriti nezavisno od stepena razvijenosti samoupravnih odnosa, niti bi ona sama po sebi mogla obezbediti razvoj ovih odnosa.

Najkrupnije promene u organizovanju mesne zajednice do sada su proisticale iz promena u društveno-ekonomskim odnosima. U osnovi razvoja njene samoupravne organizacije ležao je razvoj samoupravnog udruživanja rada i sredstava. Neposredno odlučivanje građana, putem kojeg je vršeno ovo udruživanje, uslovljavalo je i odgovarajuće oblike organizovanja. Njegovim razvijanjem vršena je postupna transformacija predstavničke u samoupravnu organizaciju.

TRANSFORMACIJA
PREDSTAVNIČKE
ORGANIZACIJE

Nastajući u uslovima predstavničke demokratije, organizacija samoupravljanja je i sama poprimala mnoga predstavnička obeležja.

U statutima većine ispitivanih zajednica savet je definisan kao najviši organ mesne zajednice kome je u nadležnost stavljano odlučivanje o ključnim pitanjima zajedničkog života građana. On je donosio statut i program rada, predračun prihoda i rashoda i završni račun mesne zajednice, odluku o osnivanju radnih organizacija i slično. U nekim zajednicama savet je imao i svoj izvršni organ (sekretarijat ili izvršni odbor) koji je obavljao izvršne funkcije.

Obeležja predstavničke demokratije unošena su i u način rada saveta. On je često i najznačajnije odluke donosio bez prethodnog izjašnjavanja građana ili čak bez većeg uvida u njihove stvarne potrebe. Predloge odluka pripremali su uglavnom predsednik i sekretar ili, u najboljem slučaju, malobrojne komisije sastavljene prevashodno od članova saveta. I u sprovođenju odluka glavnu ulogu igrali su savet i njegovi članovi, u prvom redu predsednik i sekretar.

Ukoliko je savet delovao kao predstavničko telo, masovni skupovi građana su zadržavali klasična obeležja zbora birača. Oni su imali uglavnom informativno konsultativni karakter, i sem izbora saveta sazivani su radi obaveštavanja građana o radu saveta ili prikupljanja mišljenja o značajnijim pitanjima. Otuda su takvi skupovi održavani retko, a u pojedinim mesnim zajednicama samo prilikom izbora saveta.

Unošenje predstavničkih obeležja u rad organa mesne zajednice uticalo je na zadržavanje posredništva i u radu društveno-političkih organizacija. Kao što je savet odlučivao nezavisno od građana, tako su i organi mesnih organizacija delovali u ime članstva. U delovanju organizacija Socijalističkog saveza i Saveza komunista odlučujuću ulogu imali su njihovi izvršni organi, dok su sastanci članstva retko održavani. Tako je celokupna politička aktivnost praktično svođena na relativno uzak krug građana.

Usled takvog delovanja odnosi između mesne zajednice i društveno-političkih organizacija svodili su se praktično na odnose između njihovih organa. To je izražavano i kroz samoupravna akta gde su regulisani samo odnosi između saveta i izvršnih organa mesnih organizacija. Statutima većine ispitivanih zajednica utvrđivana su, na primer, prava izvršnog odbora a ne cele organizacije Socijalističkog saveza. Time je, u stvari, kodifikovan spoljašnji i posrednički odnos između političkih organizacija i mesne zajednice.

Ukoliko je razvijano samoupravno udruživanje rada i sredstava, organizacija upravljanja u mesnoj zajednici je gubila predstavnička i sve više dobijala autentična samoupravna obeležja. U funkciji samoupravnog udruživanja rada i sredstava zbor građana se iz izbornog i informativno-konsultativnog skupa nužno pretvarao u oblik neposrednog odlučivanja. U njegovu nadležnost prelazilo je donošenje svih značajnijih odluka mesne zajednice.

Time je istovremeno uloga saveta svođena na organizatorsko-izvršne funkcije, kao što su priprema zbora i briga o sprovođenju njegovih odluka. Iz organa koji odlučuje u ime građana on je pretvaran u operativno telo koje organizuje dogovaranje samih građana. U tom smislu on je i u samoupravnim aktima sve više definisan kao izvršni organ mesne zajednice (ili zbora građana).

Donošenjem Ustava 1974. znatno je ubrzan razvoj samoupravne organizacije mesne zajednice. Već 1975. godine u 24% mesnih zajednica na području Jugoslavije održano je po 4—5 zborova građana, a u preko 22% po 6 i više.[1] Određena pitanja o kojima je ranije često odlučivao savet sada su prešla u isključivu nadležnost zbora.

Sa tim je povezano i jačanje uloge masovnih skupova društveno-političkih organizacija. Prenošenje najznačajnijih kompetencija sa saveta na oblike neposrednog izjašnjavanja građana zahteva da se i političko dogovaranje u mesnim organizacijama sa njihovih izvršnih organa prenosi na celokupno članstvo. Do afirmacije mesnih konferencija Socijalističkog saveza i Saveza komunista kao oblika demokratskog dogovaranja članstva došlo je uglavnom u onim zajednicama gde se u većoj meri razvilo samoupravno odlučivanje.

ORGANIZACIJA
SAMOODLUČIVANJA

Već u prvim godinama aktivnosti mesnih zajednica ispoljeno je čitavo bogatstvo formi samoodlučivanja građana. Mada su referendum i zbor građana relativno najčešće praktikovani, samoupravno izjašnjavanje je ne retko vršeno i putem pismene ili usmene izjave i ankete, pri čemu su sve ove forme u raznim sredinama i prilikama korišćene zavisno od konkretnih potreba. Njihov izbor je vršen sasvim slobodno, često i nezavisno od toga kako je samoupravno izjašnjavanje normativno regulisano. Već prva iskustva samoupravnog odlučivanja potvrdila su da je za njega primarno pre svega slobodno opredeljivanje građana dok je sam način izjašnjavanja od sekundarnog značaja.

Pri izboru formi samoupravnog izjašnjavanja ispoljene su, međutim, dve karakteristične težnje: za egzaktnim utvrđivanjem slobodnog opredeljenja građana i za racionalizacijom same procedure odlučivanja. U pojedinim mesnim za-

---

[1] Saopštenje Saveznog zavoda za statistiku, isto.

jednicama ispoljena su izrazita nastojanja da se pronađu metodi što egzaktnijeg i istovremeno što racionalnijeg utvrđivanja volje građana. U nekim zajednicama su u tom cilju organizovana i naučna istraživanja u kojima su angažovane ekipe sociologa i politikologa, sa zadatkom da pronađu najadekvatnije forme samoupravnog odlučivanja koje će odgovoriti napred pomenutim zahtevima.

Za razliku od predstavničke demokratije, kojoj je neophodan unificirani i nepromenljivi mehanizam, samoupravna demokratija zahteva elastičnu organizaciju koja podrazumeva korišćenje različitih formi ne samo u različitim zajednicama, već i u jednoj istoj zajednici, zavisno od konkretnih potreba. Da bi se samoupravljanje dosledno ostvarivalo, neophodno je da se za svaku akciju pronalaze takve forme organizovanja koje će najviše doprinositi njenom uspešnom izvođenju. Funkcionalna fleksibilnost organizovanja čini, prema tome, jedno od bitnih obeležja samoupravljanja. Zbog toga su necelishodni pokušaji traženja jedinstvenog šablona koji bi važio za sve i u svakoj prilici.

Pri traženju odgovarajućih formi samoupravnog organizovanja najveće dileme javljaju se u vezi s određenjem »najvišeg organa« mesne zajednice. Takve dileme su, u stvari, nasleđe predstavničke demokratije, gde se suverenitet faktički otuđuje od birača i prenosi na izabrane organe. Pošto u samoupravnoj demokratiji takvog otuđivanja nema, funkciju »najvišeg organa« vrše zajednički svi članovi samoupravne zajednice. Funkcija izbornih organa ne samo u mesnoj zajednici već i na svim ostalim nivoima društvenog organizovanja svodi se u osnovi na potvrđivanje i sprovođenje neposredno izražene volje samoupravljača.

Zbog toga uloga koju u predstavničkoj demokratiji imaju najviši organi društveno-političkih zajednica, u samoupravnoj demokratiji faktički pripada oblicima neposrednog izjašnjavanja samoupravljača. Praksa je već potvrdila funkcionalnost pojedinih oblika takvog izjašnjavanja, koje nije moguće objektivno gradirati, jer svaki od njih, zavisno od karaktera odluke, služi neposrednom izražavanju autentične volje samoupravljača.

Referendum, anketa, pismena i usmena izjava su se u praksi već potvrdili kao efikasni oblici ličnog izjašnjavanja građana. Analizom slučajeva u ispitivanim zajednicama utvrđeno je da je, po pravilu, korišćen onaj oblik izjašnjavanja koji je najviše odgovarao karakteru odluke i uslovima odlučivanja. Referendum je sprovođen ne samo onda kad je na to obavezivao zakon, već i kad je iz različitih razloga trebalo uopšte obezbediti anonimnost izjašnjavanja. Kad klasični referendum nije mogao u potpunosti izraziti neophodna opredeljenja građana, korišćena je anketa putem koje su dobijana šira izjašnjenja o uslovima sprovođenja samoupravne akcije.

Pismena izjava našla je dosta široku primenu u slučajevima koji ne zahtevaju anonimno izjašnjavanje. Jedan od razloga je i znatno veća jednostavnost i racionalnost ovakvog načina izjašnjavanja, jer ne zahteva proceduru karakterističnu za referendum. Da bi se utvrdila opredeljenja zainteresovanih subjekata, treba samo prikupiti njihove potpise. Kad god je, međutim, unapred izvesno da neće biti potrebna provera autentičnosti ličnih izjava, pismena izjava se zamenjuje usmenom, koja je praktično još jednostavnija.

Međutim, pošto se oblici ličnog izjašnjavanja mogu sami za sebe koristiti samo pri donošenju jednostavnih odluka koje ne zahtevaju direktnu konfrontaciju subjekata odlučivanja, njima često moraju prethoditi zborovi građana koji takvu konfrontaciju omogućavaju. Otuda se zbor može javljati u dvojakoj ulozi: kao oblik prethodnog izjašnjavanja i kao oblik konačnog odlučivanja. Već dosadašnje iskustvo ukazuje na neophodnost da se najznačajnije odluke, pre svega one kojima se trajnije utvrđuju međusobni odnosi građana u mesnoj zajednici, donose putem ličnog izjašnjavanja uz prethodno kolektivno razmatranje na zborovima. O mnogim pitanjima može se, međutim, uz punu slobodu ličnog opredeljivanja odlučivati i na samom zboru.

Iako na prvi pogled izgleda jednostavno, donošenje integralnih samoupravnih odluka putem zborova je ipak složenije nego putem referenduma i njemu sličnih oblika ličnog izjašnjavanja. Ni u sasvim malim zajednicama nije praktično moguće obezbediti efikasno dogovaranje na jedinstvenom zboru. Da bi se omogućilo aktivno i ravnopravno učešće svih zainteresovanih subjekata, neophodno je da se zborovi organizuju po manjim stambenim jedinicama. U zajednicama gde je razvijenija samoupravna aktivnost ova neophodnost je praktično već potvrđena.

Pri organizovanju više zborova javlja se problem konstituisanja jedinstvene odluke mesne zajednice. Da bi se do takve odluke došlo, neophodna je jedinstvena organizacija izjašnjavanja koja, pre svega, podrazumeva da se na svim zborovima raspravlja o istovetnom predlogu. Mogućnosti sumiranja rezultata izjašnjavanja su, uglavnom, trojake: a) da se odluka konstituiše na osnovu opredeljenja većine učesnika sa svih zborova; b) na osnovu opredeljenja većine zborova; i c) putem demokratske konfrontacije stavova zborova u delegatski konstituisanom organu mesne zajednice.

Kad će se koja od ovih mogućnosti koristiti zavisi pre svega od karaktera odluke i uslova odlučivanja. Prva mogućnost pruža punu garanciju da će integralna odluka izražavati opredeljenje većine neposrednih učesnika odlučivanja. Zbog toga je celishodno da se ona koristi pri donošenju značajnih odluka koje po svojoj prirodi zahtevaju saglasnost većine građana, utoliko pre što druga i treća varijanta skrivaju

119

u sebi i mogućnost da integralna odluka ne izrazi uvek opredeljenje većine.

Uloga delegatski konstituisanog organa mesne zajednice ne svodi se, međutim, samo na sumiranje neposrednih izjašnjenja građana. On mora odlučivati o mnogim pitanjima vezanim za pripremu i realizaciju primarnih odluka, bez čijeg se rešavanja samoupravna akcija praktično ne može odvijati. Samim tim ovaj organ snosi direktnu odgovornost za pripremu i realizaciju odluka koje građani donose putem neposrednog izjašnjavanja.

Zavisno od različitih shvatanja, potreba i iskustava, u praksi su se javili ne samo različiti nazivi (skupština, veće delegata, savet) već i razlike u sastavu organa upravljanja mesne zajednice. Ukoliko naziv i može predstavljati stvar konvencije, sastav mora biti u funkciji uloge koju organ upravljanja ostvaruje u mesnoj zajednici. U praksi se, međutim, u pogledu sastava organa upravljanja mogu sresti sledeće varijante: a) delegati pojedinih delova mesne zajednice; b) delegati pojedinih delova mesne zajednice i delegati osnovnih organizacija udruženog rada ili njihovih delova s područja mesne zajednice, odnosno zainteresovanih organizacija izvan mesne zajednice; c) delegati pod a) i b) i delegati društveno-političkih organizacija iz mesne zajednice i zainteresovanih organizacija udruženog rada, ili samo iz mesne zajednice; d) delegati pod c) i delegati društvenih organizacija i udruženja građana u mesnoj zajednici; e) delegati pod a) i b) i delegati mesne organizacije SSRN kao fronta svih organizovanih socijalističkih snaga u mesnoj zajednici; f) savet mesne zajednice biran na klasičan način, delegacija mesne zajednice i izvršni organi društveno-političkih organizacija u mesnoj zajednici.

Ovakva šarolikost u sastavu organa upravljanja proističe, pre svega, iz neujednačene razvijenosti samoupravnih odnosa u mesnim zajednicama. Karakteristično je da je baš u zajednicama u kojima je samoupravljanje još nerazvijeno najviše prisutan institucionalistički pristup u definisanju uloge i načina konstituisanja odnosno sastava organa upravljanja. Takav pristup izražen je kroz težnju da umesto samih članova mesne zajednice u organu upravljanja budu zastupljene institucije koje će istupati u njihovo ime.

Ukoliko se odlučivanje vrši putem neposrednog izjašnjavanja građana takvo zsatupništvo praktično gubi svoj smisao. Ako nisu prihvaćeni od većine članstva, stavovi društveno-političkih organizacija se ne mogu nametnuti preko organa upravljanja, a kad predstvaljaju demokratski dogovor članstva njihova realizacija je obezbeđena i bez posredovanja posebno biranih delegata, jer je svaki član organa upravljanja dužan da deluje u skladu s opredeljenjima većine građana.

Za razvijeno samoupravljanje izlišno je i uključivanje posebnih delegata organizacija udruženog rada u sastavu organa upravljanja mesne zajednice. Pošto organizacije udruženog rada, bez obzira gde su locirane, ne ulaze u sastav mesne zajednice, ni o jednom pitanju od zajedničkog interesa ne može odlučivati sam organ mesne zajednice, bez obzira kako je konstituisan. Ukoliko se radi o usklađivanju interesa radnika iz različitih organizacija udruženog rada, ono se može najefikasnije vršiti putem njihovog neposrednog dogovaranja, što podrazumeva ravnopravnu zastupljenost i u sastavu delegata same mesne zajednice. Ako su u sastavu delegata koje za organ upravljanja biraju pojedini delovi mesne zajednice adekvatno zastupljeni radnici iz svih organizacija udruženog rada, zaista je suvišno birati još i posebne delegate tih organizacija.

Da bi organ upravljanja bio u funkciji neposredne demokratije, neophodno je da njegov sastav čine delegati koji najdoslednije izražavaju zajedničko opredeljenje građana. To podrazumeva da se u svakoj konkretnoj akciji mandat delegata ili ponovo potvrđuje ili poverava drugome. Zbog toga u samoupravnoj demokratiji vremenski mandat praktično gubi značaj koji je imao u predstavničkoj demokratiji. Vremensko trajanje i pojedinačnog i kolektivnog mandata bi već u sadašnjim uslovima moralo biti samo uslovno određeno.

U funkciji neposredne demokratije pogotovu ne može biti organ sastavljen od saveta biranog na klasičan način, opšte delegacije mesne zajednice i izvršnih tela društveno-političkih organizacija. Prihvatajući takvo rešenje, pojedine mesne zajednice su, u stvari, legalizovale politički aktiv, čime su postavile ozbiljnu barijeru pred razvoj samoupravnih odnosa. Tako konstituisan organ može više doprinositi održavanju posredničkih tendencija nego efikasnom samoupravnom dogovaranju, jer ne obezbeđuje ni neke elementarne pretpostavke neposredne demokratije.

Da bi organ upravljanja bio u funkciji neposredne demokratije, on se mora konstituisati od članova koje građani u njega direktno delegiraju s određenim zahtevima. Takav način konstituisanja pruža najšire mogućnosti da se u svakom pogledu obezbedi najreprezentativniji sastav koji će funkciju organa upravljanja moći uspešno da ostvaruje u svakoj akciji. To je istovremeno uslov da se obezbedi neposredna i nedeljiva odgovornost organa upravljanja pred zborovima građana.

Ali ma u kakvom sastavu radio, organ upravljanja ne može sam odgovoriti svim zahtevima u vezi s pripremanjem, donošenjem i sprovođenjem samoupravnih odluka. U toj funkciji su se već afirmisali raznovrsni oblici organizovanja kao što su radne grupe, komisije, odbori, saveti ili veća. Od stalnih oblika najširu afirmaciju stekla su mirovna veća, saveti potrošača i odbori odnosno štabovi narodne odbrane, civilne zaštite i društvene samozaštite.

Ovi oblici organizovanja ne predstavljaju samo pomoćna tela organa upravljanja, već deluju i kao samostalni organi neposredno birani od strane građana. Ali ni pomoćna tela organa upravljanja ne čine samo njegovi članovi. Praksa je potvrdila celishodnost okupljanja što šireg kruga aktivista koji, zavisno od konkretnih potreba, mogu doprinositi kvalifikovanijem pripremanju i efikasnijem ostvarivanju samoupravnih odluka.

Za razliku od predstavničke demokratije, samoupravljanje obiluje oblicima povremenog okupljanja građana ne samo radi pripremanja i ostvarivanja samoupravnih odluka, već i u cilju pokretanja zajedničkih akcija. U zajednicama sa razvijenijim samoupravljanjem do povremenog okupljanja dolazi kako na osnovu odluka zborova ili organa upravljanja, tako i sasvim spontano bez ikakvog prethodnog dogovora. U nekim vojvođanskim selima, na primer, došla je do punog izražaja tradicija spontanog okupljanja na uglu ulice, gde su ponikle inicijative za mnoge akcije samoupravnog zadovoljavanja zajedničkih potreba.

Već u prvim godinama aktivnosti mesnih zajednica nastali su određeni začeci interesnog organizovanja građana. Ali u odsustvu slobodne razmene rada iz takvog organizovanja su najčešće rezultirali samo pokušaji da se ostvare određeni interesi. Saveti potrošača bili su praktično nemoćni prema trgovinskim i drugim organizacijama koje se bave pružanjem usluga. Bez uspostavljanja odnosa slobodne razmene rada nikakav oblik delovanja ne može sam po sebi obezbediti stvarni uticaj korisnika na davaoce usluga.

Slobodna razmena rada kategorički postavlja zahtev za stvaranjem interesnih jedinica u mesnoj zajednici kao oblika ravnopravnog dogovaranja korisnika i davalaca usluga o zajedničkim interesima. Po prirodi svoje funkcije interesna jedinica je organski vezana za mesnu zajednicu, ali se ona mora konstituisati kao posebna organizacija u kojoj su korisnici i davaoci usluga ravnopravno zastupljeni. Zbog toga samoupravljanje u interesnoj jedinici mora imati vlastite oblike organizovanja koje će biti u funkciji odgovarajućeg interesnog povezivanja zainteresovanih subjekata. Samoupravljanje ne samo što stvara društveno-ekonomske pretpostavke za prevazilaženje nasleđenih suprotnosti u međuljudskim odnosima, nego izgrađuje i vlastiti mehanizam za otklanjanje nastalih konflikata. Karakterističnu instituciju te vrste predstvaljaju mirovna veća koja su često bez ikakve kampanje i uticaja sa strane stvarana po inicijativi samih građana. U 1975. godini mirovna veća je imalo 6.169 ili oko 63% mesnih zajednica. Od 58.685 nerešenih sporova ona su u 1974. godini rešili 48.437 ili preko 82%, što znači da je svako od oko 8.000 veća rešilo u proseku preko 6 sporova iz oblasti imovinsko-pravnih (81%) ili krivično-pravnih (19%) odnosa.[1]

Sa razvojem samoupravljanja sve izrazitije se ukazivala potreba i za organizovanom kontrolom sprovođenja samoupravnih odluka i zaštitom samoupravnih prava građana. U tom cilju nastali su organi samoupravne kontrole kao samostalni oblici delovanja neposredno vezani za zborove građana. Ovi organi i mogu uspešno delovati samo u funkciji neposrednog ostvarivanja samoupravne kontrole od strane svih članova mesne zajednice. Njihov rad morao bi biti usmeren pre svega na zaštitu prava neposrednog odlučivanja građana i kontrolu sprovođenja odluka koje se putem takvog odlučivanja donose.

Organizatorsko-operativni poslovi u mesnoj zajednici su od početka obavljani uglavnom volonterski. Njih je najvećim delom obavljao savet sa svojim radnim telima, ali su se u organizovanju pojedinih akcija angažovali i građani koji nisu imali nikakvih izbornih funkcija. U

---

[1] Saopštenje Saveznog zavoda za statistiku, isto.

1975. godini samo je 20%/o mesnih zajednica imalo uglavnom po jedno zaposleno lice, i to isključivo za obavljanje administrativno-tehničkih poslova. Za većinu zajednica ove poslove obavljaju stručne službe opštinske skupštine, dok su ponegde rešenja tražena u formiranju zajedničkih službi za više zajednica. Samoupravljanje po svojoj prirodi zahteva deprofesionalizaciju upravljačkih funkcija. U mesnoj zajednici bi profesionalizam pogotovu bio i suvišan i štetan. Izuzetak mogu predstavljati jedino administrativno-tehnički poslovi, ali bi i njihovo obavljanje moralo biti potpuno odvojeno od izvršavanja samoupravnih funkcija. Određeni organizatorski poslovi vezani su za funkciju organa upravljanja, ali će sa razvojem samoupravljanja postajati sve neophodnije da se na organizovanju zajedničkih akcija neposredno angažuju svi članovi mesne zajednice.

ORGANIZACIJA SUODLUČIVANJA

Osnovna funkcija organizacije samoupravnog suodlučivanja je da obezbedi da se na svim nivoima odlučivanja odluke zasnivaju na neposrednom izjašnjavanju samoupravljača. Zbod toga osnovu organizacije suodlučivanja moraju kao i kod samoodlučivanja činiti oblici neposrednog izjašnjavanja. Razlika je samo u tome što kod samoodlučivanja stav većine građana u određenoj mesnoj zajednici predstavlja istovremeno konačnu odluku, dok se kod suodlučivanja odluke konstituišu putem demokratskog sučeljavanja stavova samoupravno udruženih zajednica. Osnovni problem organizacije suodlučivanja i jeste u tome da obezbedi verodostojno prenošenje i demokratsko sučeljavanje autentičnih stavova udruženih zajednica.

Mehanizam predstavničkog odlučivanja ne može da odgovori ovom zahtevu. Pokušaji da se zahtevi birača prenose preko odbornika i poslanika ostajali su bez praktičnih rezultata. Birači nisu mogli svoje predstavnike obavezivati da u skupštinama zastupaju njihove interese. Zbog toga je zbor birača imao uglavnom formalno-demokratska obeležja, bez mogućnosti stvarnog odlučivanja.

U sistemu predstavničkog odlučivanja izabrani predstavnik nije ni pozvan da izražava volju birača, već da zastupa politiku partije ili stranke koja ga je kandidovala i pred kojom je faktički i odgovoran. Ali i pod pretpostavkom da se slobodno opredeljuje, on objektivno nije u poziciji da dosledno izražava zajedničke interese birača, prvo, zbog toga što se oni ne podudaraju uvek sa njegovim ličnim interesom i političkim opredeljenjima, i drugo, jer nije u potrebnoj meri ni upućen u sva pitanja o kojima odlučuje. U pogledu mogućnosti informisanja izabrani predstavnik je u neravnopravnom položaju prema izvršnom aparatu skupštine koji ga uglavnom i snabdeva informacijama. Ukoliko se sam ne bavi određenom delatnošću, on nije ni sposoban ni zainteresovan da ulazi u suštinu odnosa koji se u toj oblasti regulišu skupštinskim odlukama.

Autentična institucionalna osnova za samoupravno suodlučivanje stvorena je tek uspostavljanjem delegatskog sistema. Jedino delegatske skupštine pružaju mogućnost da se odluke koje donose konstituišu putem demokratskog sučeljavanja stavova samoupravno udruženih zajednica. Suštinsko obležje funkcije delegata je da on u skupštini istupa kao stvarni izaslanik svoje delegatske jedinice u tom smislu da dosledno izražava njena opredeljenja.

Takav odnos između delegatske jedinice i delegata ne može se, međutim, izjednačavati sa vezanim mandatom niti suprotstavljati slobodnom mandatu. Delegatska funkcija isključuje i proizvoljan odnos delegata prema stavovima delegatske jedinice i mogućnost nametanja ovih stavova delegatu. Osnovnu pretpostavku delegiranja čini podudarnost opredeljenja delegata s opredeljenjem delegatske jedinice. Bez toga se pojedinac u uslovima stvarnog samoupravljanja nikada neće ni naći u poziciji delegata. Nelogično je i pretpostavljati da će pri slobodnom opredeljivanju delegat biti biran iz redova onih koji ne dele mišljenje većine delegata.

Delegatski način suodlučivanja podrazumeva da se pre donošenja odluka u skupštini udružene zajednice neposredno izjašnjavaju o zajedničkim potrebama. Ustav obavezuje delegata da se u svom radu rukovodi instrukcijama delegacije, a delegaciju instrukcijama osnovne samoupravne zajednice. Sasvim je izvesno da autentične instrukcije od strane mesne zajednice ne može biti bez neposrednog izjašnjavanja samoupravno organizovanih građana.

Ali ma koliko odgovaralo potrebama samoupravnog suodlučivanja, delegatsko organizovanje ne može samo po sebi obezbediti takvo suodlučivanje. Bez samoupravnog udruživanja rada i sredstava ne može biti ni samoupravnog suodlučivanja uprkos odgovarajućim formama njegovog organizovanja. U toku dosadašnjeg funkcionisanja delegatskog sistema zborovi građana su se upravo zbog nerazvijenosti samoupravnog udruživanja rada i sredstava relativno retko izjašnjavali o pitanjima koja su razmatrana u skupštinama, pa su utoliko izostajale i njihove instrukcije delegacijama.

Zbog toga nije bilo ni čvršće funkcionalne povezanosti između rada delegacija i oblika neposrednog izjašnjavanja građana. Štaviše, delegacije su retko i obaveštavale građane o svom radu. U 1974. godini 50⁰/o delegacija nije o svom radu ni jednom informisalo zborove građana, a samo 14⁰/o je to činilo više od dva puta.[1]

Time se, dobrim delom, može objasniti i nedovoljna povezanost između delegacija i delegata. Prema statističkim podacima 1974. godine

---

[1] Isto.

u 37% svih delegacija mesnih zajednica delegati nisu obaveštavali delegaciju o stavovima zauzetim u skupštini opštine, a samo u 40% su to činili više od dva puta. U isto vreme, 53% delegacija nije uopšte ocenjivalo rad svojih delegata u skupštini opštine, a samo 15% je to činilo više od dva puta.[2]

Iz toga se može zaključiti da su i delegati relativno retko delovali po instrukcijama delegacija, inače bi ih morali češće izveštavati o svom radu. To uostalom potvrđuje i podatak da 1974. godine 16% delegacija mesnih zajednica nije održalo ni jednu sednicu, a da je isto toliki broj delegacija održao samo 1 — 2 sednice.[3] Zadržavanje nasleđenog stila u radu skupština nije ni pružalo mogućnost za prethodno izjašnjavanje delegacija a pogotovu ne i svih građana.

Zadržavanje predstavničkih obeležja u radu skupština objektivno je uslovljeno zadržavanjem administrativnih metoda u prikupljanju sredstava za opšte i zajedničke potrebe. Sve dok ova sredstva automatski pritiču putem poreza i doprinosa, izvršni organi skupština ne osećaju potrebu za doslednim sprovođenjem demokratskog postupka u pripremanju i donošenju samoupravnih odluka. Sasvim je drugačije kad se zajedničke potrebe zadovoljavaju putem samoupravnog udruživanja rada i sredstava, jer se bez demokratskog postupka u odlučivanju takvo udruživanje ne može vršiti.

Dosledno funkcionisanje delegatskog sistema otežavala su i nedovoljno adekvatna rešenja u organizovanju delegacija. U većini mesnih zajednica bila je konstituisana jedinstvena delegacija za sve skupštine koja se našla pod velikim opterećenjem u slučaju kad je redovno obavljala svoje funkcije. Zbog toga je dosta brzo došlo do preispitivanja prvobitnih rešenja i

---

[2] Isto.
[3] Isto.

formiranja posebnih delegacija za društveno-
-političke i interesne zajednice.

Formiranjem više delegacija u mesnoj za-
jednici stvaraju se povoljniji uslovi za njihov
rad, ali se otvara problem koordinacije u ost-
varivanju delegatskih funkcija i obezbeđenja
neophodnog jedinstva u funkcionisanju delegat-
skog sistema. Samoupravno razrešavanje pro-
tivrečnosti u zadovoljavanju različitih potreba
zahteva funkcionalnu povezanost svih oblika
samoupravnog organizovanja. Radno dogovara-
nje delegata u mesnoj zajednici spada među
osnovne činioce takvog povezivanja.

S obzirom da osnovu jedinstva delegatskog
sistema čini neposredno izjašnjavanje samoup-
ravljača, dogovaranje delegata mora biti u
funkciji takvog izjašnjavanja. Ma kako bila
konstituisana, delegacija ne može istupati kao
posrednik svojih delegata. Instrukcije koje
delegacija daje delegatu moraju se zasnivati na
instrukcijama koje ona dobija od zborova i dru-
gih oblika neposrednog izjašnjavanja. Njeni
stavovi ne bi prema tome ni u kom slučaju
smeli biti u suprotnosti s neposredno izraženim
opredeljenjima građana.

Već sada je izvesno da će razvoj samo-
upravnih društveno-ekonomskih odnosa zahte-
vati sve neposrednije povezivanje skupština sa
delegatskom bazom. Zbog toga se u perspektivi
može očekivati prelazak na direktno delegira-
nje i neposredno instruiranje delegata od stra-
ne samoupravno organizovanih građana. Takav
odnos upravo najviše i odgovara prirodi dele-
gatskog mandata s obzirom da je delegat poz-
van da izražava opredeljenja većine dele-
gata.

Direktno delegiranje omogućava jedno-
stavniju i efikasniju organizaciju suodluči-
vanja, jer se isključenjem posredovanja od stra-
ne delegacije skraćuje postupak i ostvaruje ve-
ća neposrednost dogovaranja. Većoj funkcio-
nalnosti delegatskog organizovanja moglo bi do-

prineti i delegiranje delegata za skupštine interesnih zajednica od strane interesnih jedinica u mesnoj zajednici. Ukoliko interesna jedinica okuplja sve zainteresovane građane, zaista je najcelishodnije da ona čini i delegatsku jedinicu za skupštinu odgovarajuće interesne zajednice.

Kad se opredeljenja samoupravno organizovanih građana putem delegata direktno prenose u skupštine, funkcija delegacije vezuje se uglavnom za usklađivanje potreba koje se zadovoljavaju unutar različitih interesnih i društveno-političkih zajednica. Delegaciju mesne zajednice tada mogu da čine sami delegati koje građani direktno delegiraju u skupštine interesnih i društveno-političkih zajednica. Ni tako konstituisana delegacija ne bi se morala uvek sastajati u punom sastavu, jer bi njenu funkciju u slučaju parcijalnog usklađivanja različitih potreba mogli obavljati samo delegati za skupštine odgovarajućih zajednica.

Suodlučivanje putem delegata može se vršiti i izvan interesnih i društveno-političkih zajednica. Ono se ne ograničava samo na stalne asocijacije, već može biti i u funkciji povremenog udruživanja radi zadovoljavanja određenih potreba koje nemaju trajni karakter. Sa razvojem samoupravljanja povremeno udruživanje će se sve češće vršiti i između zajednica koje su trajno udružene u različite samoupravne asocijacije.

Neosporno je da se delegiranje u funkciji povremenog udruživanja mora i samo vršiti povremeno, to jest zavisno od konkretnih potreba. Ali povremeno delegiranje najviše i odgovara prirodi delegatskog mandata. Ono je u praksi već ispoljilo svoje prednosti prema delegiranju na određeno vreme. Povremeni delegati koji se delegiraju zavisno od konkretnih pitanja ne samo što urednije prisustvuju sednicama skupština, već i znatno aktivnije učestvuju u njihovom radu.

S obzirom da delegat treba da izražava opredeljenja delegatske jedinice, delegiranje na određen vremenski period gubi svoj smisao, jer se ono, za razliku od predstavničkog mandata, ne zasniva na apstraktnom poverenju koje se unapred ukazuje. Ali delegatski mandat ne implicira ni ograničenje ponovnog izbora. Sve dok izražava opredeljenja delegatske jedinice, pojedinac može biti više puta uzastopno delegirana a da se time ni najmanje ne naruši suština samoupravnog suodlučivanja.

ORGANIZACIJA POLITIČKOG DELOVANJA

S obzirom na ulogu koju političko delovanje ima u razvijanju i ostvarivanju samoupravljanja, prirodno je da njegovo organizovanje čini integralni deo samoupravne organizacije mesne zajednice. Zbog toga osnovni kriterijum za organizovanje društveno-političkih organizacija mora predstavljati mogućnost da svaki član mesne zajednice neposredno učestvuje u stvaranju i ostvarivanju političkih stavova na kojima se zasnivaju samoupravne odluke. To je jedna od osnovnih pretpostavki da se ceo tok samoupravne akcije odvija kao jedinstven proces.

Dok pri administrativnom finansiranju zajedničkih potreba osnovu političkog organizovanja čine oblici posrednog delovanja, pri samoupravnom udruživanju rada i sredstava celokupno organizovanje mora da se zasniva na oblicima neposrednog delovanja članstva. Dosadašnje promene u organizovanju društveno-političkih organizacija uglavnom su se i odvijale u ovom pravcu. Najznačajniju promenu te vrste predstavljalo je nesumnjivo uvođenje delegatskog principa u konstituisanje organa društveno-političkih organizacija.

Za obezbeđenje neposrednog učešća svih članova mesne zajednice u izgrađivanju i ostvarivanju političkih stavova presudan je način organizovanja mesne organizacije Socijalističkog saveza kao jedinstvenog fronta socijalističkih snaga. Pravo rešenje za neposredno političko izjašnjavanje građana već je nađeno u podružnici i drugim sličnim oblicima organizovanja Socijalističkog saveza. Ako se izuzmu izrazito male seoske zajednice, takvo izjašnjavanje je praktično nemoguće obezbediti na jedinstvenom skupu svih građana. Zbog toga je neophodno organizovanje političkih skupova po delovima mesne zajednice koji predstavljaju jedinstvenu celinu (zaseocima, ulicama, stambenim zgradama, i sl.).

Takvi skupovi omogućavaju da svaki član SSRN aktivno učestvuje u njihovom radu, pokreće inicijative i izjašnjava se o inicijativama drugih. Na njima je moguće svaki predlog temeljito razmotriti i utvrditi kolektivno opredeljenje, što upravo i čini suštinu demokratskog postupka u političkom dogovaranju. Tu se takođe može najkonkretnije dogovarati o realizaciji usvojenih stavova i vršiti kolektivna podela zadataka.

Formiranje podružnica po manjim stambenim jedinicama omogućava da se svi građani maksimalno angažuju na rešavanju problema i tih jedinica i mesne zajednice u celini. Kad se dogovaranje o zajedničkim akcijama vrši na skupovima podružnice, moguća su uglavnom tri načina utvrđivanja stavova mesne organizacije SSRN: izvođenje zajedničkog stava iz opredeljenja većine učesnika na svim skupovima; uzimanje stava koji je prihvatila većina skupova za stav cele organizacije; konstituisanje zajedničkog stava na delegatskoj konferenciji mesne organizacije.

Izbor mogućnosti zavisi, pre svega, od karaktera akcije, ali je u svim slučajevima neophodno neposredno izjašnjavanje građana. To podrazumeva da i konferencija mesne organizacije deluje kao oblik neposrednog dogovaranja članstva. Osnovnu pretpostavku za to čini prethodna rasprava u podružnicama i demokratsko sučeljavanje njihovih stavova u konferenciji. Smisao delegatskog organizovanja upravo i jeste u funkciji takvog konstituisanja zajedničkih stavova.

Funkcija delegata je, prema tome, da prenosi stavove svoje podružnice i sučeljava ih u konferenciji sa stavovima drugih podružnica. Dosledno ostvarivanje takve funkcije podrazumeva da se opredeljenja delegata svaki put podudaraju sa stavovima podružnice koja ga delegira. Zbog toga je za delegatsko dogovaranje i u Socijalističkom savezu neprikladno apriorno delegiranje na određeno vreme, kao što je necelishodno da se u konferenciju po svaku cenu uvek šalje novi delegat.

Delegatsko dogovaranje ne isključuje, već naprotiv zahteva postojanje stalnih i povremenih radnih tela konferencije u funkciji pripremanja predloga i praćenja realizacije usvojenih stavova. Da bi pojedinačne inicijative prerastale u zajedničke akcije, neophodno je da se stiču na jednom mestu, odakle se organizuje jedinstven postupak njihovog razmatranja na svim skupovima. Do zajedničkih stavova može se dolaziti samo ako se o datim predlozima svi izjašnjavaju, za što je neophodna jedinstvena organizacija dogovaranja. Potrebom sprovođenja takve organizacije određena je i funkcija izvršnog organa konferencije, koja se u osnovi svodi na organizovanje neposrednog dogovaranja članstva.

Ali ma kako se organizovala, konferencija u razvijenom samoupravljanju ne može neposredno povezivati celokupnu društveno-političku aktivnost. Što se više razvija, slobodna razmena rada će zahtevati sve razuđeniju organizaciju interesnog organizovanja i u sferi političkog delovanja. U cilju efikasnijeg političkog delovanja u pojedinim oblastima zadovoljavanja zajedničkih potreba, biće neophodno da se prema organizovanju interesnih jedinica organizuju i odgovarajući oblici delovanja Socijalističkog saveza. Mogući, već pronađeni oblik takvog organizovanja je sekcija.

O posebnim interesima koji se često tiču samo jednog dela stanovništva nije ni potrebno, a praktično nemoguće da raspravlja cela organizacija. Politički dogovori o zadovoljavanju zajedničkih potreba u pojedinim oblastima društvenog života mogu se u svakom slučaju efikasnije postizati kroz sekcije ili druge slične oblike organizovanja. Sekcija bi, prema tome, mogla predstavljati punovažni oblik dogovaranja, u kom slučaju bi se na celu organizaciju išlo samo s pitanjima od opšteg interesa odnosno s problemima koji proističu iz protivrečnosti između različitih posebnih interesa.

Da bi bila u funkciji slobodne razmene rada i sekcija mora raditi na principu neposrednog dogovaranja građana. Ona u svakom slučaju treba da okuplja sve zainteresovane članove SSRN, ali i da se organizuje tako da omogući njihovo neposredno i aktivno učešće u dogovaranju o zajedničkim potrebama. Zbog toga bi se i unutar sekcije dogovaranje u svim slučajevima kad je rad na jedinstvenom skupu zbog brojnosti zainteresovanih članova neefikasan moralo organizovati po parcijalnim skupovima i na delegatskom principu.

Sekcija bi, prema tome, morala delovati kao samostalni oblik organizovanja Socijalističkog saveza. Ona, međutim, može efikasno delovati samo kao integralni deo jedinstvene organizacije SSRN, jer se mnogi problemi samoupravnog zadovoljavanja zajedničkih potreba mogu rešavati jedino zajedničkom akcijom svih socijalističkih snaga. Može se očekivati da će sa razvijanjem slobodne razmene rada inicijative za rešavanje takvih problema sve više poticati upravo iz sekcija.

Razvijenost inicijative i u pojedinim sekcijama i u celoj organizaciji SSRN umnogome će zavisiti od inicijativnosti svih organizacija u mesnoj zajednici. O njihovim inicijativama moralo bi se organizovati neposredno izjašnjavanje članstva u odgovarajućoj sekciji ili celoj organizaciji SSRN. Da bi se to obezbedilo, celishodno je da u radu mesne konferencije SSRN učestvuju i delegati društveno-politički, a u radu sekcija delegati odgovarajućih društvenih organizacija.

Prisustvo delegata društvenih i društveno-političkih organizacija u organima mesne organizacije SSRN ne može, međutim, zameniti neposredno angažovanje njihovih članova u Socijalističkom savezu. Ukoliko se o inicijativama tih organizacija izjašnjava samo članstvo SSRN, sudelovanje njihovih članova u izjašnjavanju predstavlja jedan od najznačajnijih uslova da pokrenute inicijative budu i prihvaćene. U stvari, jedino na taj način društvene i društveno-političke organizacije i mogu delovati kao integralni deo mesne organizacije SSRN.

Ako se jedinstvo akcije socijalističkih snaga ne ostvaruje u toku neposrednog izjašnjavanja članstva, u konferencijama će posebne organizacije faktički delovati kao spoljni faktori u odnosu na mesnu organizaciju SSRN. Ukoliko se, međutim, dosledno ostvaruje princip neposrednog dogovaranja članstva, delegiranje posebnih zastupnika tih organizacija radi samog utvrđivanja stavova SSRN praktično gubi ovaj značaj, jer stavovi koje zauzimaju konferencije moraju izražavati opredeljenja članstva. Takvo delegiranje dobija mnogo veći značaj u funkciji pokretanja akcija i pripremanja predloga stavova.

Delovanje kroz neposredno dogovaranje članstva posebno je značajno za sindikalne organizacije koje se institucionalno ne uključuju u mesnu organizaciju SSRN, ali moraju da deluju kao njena unutarnja snaga. Radi toga je neophodno da se članovi sindikalne organizacije u svakoj mesnoj zajednici gde su nastanjeni posebno dogovaraju o pokretanju inicijativa i opredeljivanju u skladu sa stavovima sindikata. To praktično znači da »delegaciju« sindikalne organizacije u mesnoj organizaciji SSRN moraju činiti svi njeni članovi nastanjeni u dotičnoj mesnoj zajednici.

Za razliku od ostalih organizacija, Savez komunista ima specifičnu ulogu, pa zbog toga i specifičan način integriranosti u jedinstveni front socijalističkih snaga. Pošto deluju kao unutarnja snaga svih organizacija, komunisti u mesnoj organizaciji SSRN ne mogu istupati uporedo s ostalim organizacijama. Zbog toga su necelishodna rešenja koja se pojavljuju u praksi da se u konferenciju mesne organizacije SSRN upućuje posebna delegacija Saveza komunista.

Da bi ostvarivali vodeću ulogu, komunisti moraju delovati kao idejno-politička snaga pre svega među članstvom Socijalističkog saveza i na osnovu vlastitog uticaja sticati poverenje da zastupaju njegova neposredno izražena opredeljenja. Radi toga je neophodno da se oni o svom angažovanju u akcijama Socijalističkog saveza posebno dogovaraju i organizovano deluju na njihovom usmeravanju. To podrazumeva ne samo prethodno zauzimanje stavova od strane cele organizacije SK, već i tekuće dogovaranje po delovima organizacije odnosno grupama komunista, radi jedinstvenog istupanja na skupovima SSRN, konferencijama i njihovim radnim telima.

Ako za stavove SK treba da se bore svi komunisti u mesnoj organizaciji SSRN, onda delegiranje posebnih zastupnika nema nikakvog značaja i može da dovodi do nedoumice u ponašanju ostalih članova SK. Zbog toga je daleko značajnije da se u toku cele akcije osigura organizovano i jedinstveno istupanje svih članova. Umesto delegiranja posebnih zastupnika, organizacija SK treba da ostvaruje takav uticaj koji obezbeđuje da se u organe Socijalističkog saveza što veći broj komunista delegira od strane samog članstva ove organizacije.

Da bi se jedinstvo akcije socijalističkih snaga ostvarivalo kroz neposredno dogovaranje članstva, neophodno je da način organizovanja svih organizacija bude u funkciji takvog dogovaranja. Zbog toga se broj članova organizacije javlja kao jedan od najznačajnijih faktora u određivanju oblika dogovaranja. Organizacije s velikim brojem članova morale bi se organizovati slično kao što se organizuje i cela organizacija SSRN. Ali, s obzirom da i u većim mesnim zajednicama pojedine društvene i društveno-političke organizacije okupljaju relativno mali broj članova, njihovi stavovi će se češće utvrđivati na jedinstvenim skupovima.

Izvesne specifičnosti javljaju se u organizovanju komunista. S obzirom na potrebu angažovanja svih članova SK u pokretanju i usmeravanju akcija mesne zajednice, neophodno je takvo organizovanje koje će omogućiti jedinstveno delovanje i istovremeno izbeći svako dupliranje s organizacijama SK u osnovnim organizacijama udruženog rada. Radi toga je potrebno diferencirano organizovanje u tom smislu da se zavisno od konkretnih potreba nekad okupljaju svi članovi, a nekad samo oni koji se vode u evidenciji u mesnoj organizaciji SK.

Nefunkcionalno je, međutim, okupljanje komunista na masovnim zborovima gde je praktično nemoguće demokratsko dogovaranje. U mesnim zajednicama s velikim brojem članova SK najcelishodnije bi bilo dogovaranje po aktivima (koji bi se mogli formirati u okviru podružnica SSRN) i u konferenciji sastavljenoj od njihovih delegata. Tamo gde je mesna organizacija podeljena na odeljenja dogovaranje bi se moglo vršiti na sastancima odeljenja kojima bi prisustvovali svi komunisti, a zajednički stavovi utvrđivali u konferenciji sastavljenoj od delegata izabranih na tim sastancima.

Konstituisanje interesnih jedinica zahtevaće da se i unutar njih formiraju odgovarajući oblici akcionog povezivanja komunista. U svakoj interesnoj jedinici komunisti će morati organizovano da deluju na pokretanju i idejno--političkom usmeravanju njenih akcija. Pri tom je neophodno da ovo delovanje bude povezano s jedne strane s ukupnim delovanjem mesne organizacije SK, a s druge strane sa delovanjem aktiva komunista u skupštinama interesnih zajednica.

Funkcionalnošću organizovanja mesne organizacije SSRN umnogome su određene mogućnosti demokratskog dogovaranja u celom Socijalističkom savezu. Delegatsko dogovaranje na svim nivoima organizovanja SSRN zasniva se na neposrednom izjašnjavanju članstva. Zbog toga od mogućnosti ovog izjašnjavanja koje se vrši u mesnoj organizaciji bitno zavisi ostvarivanje delegatskog principa u delovanju cele organizacije.

Ali i ostvarivanje neposrednog izjašnjavanja članstva zavisi od mogućnosti izražavanja njegovog mišljenja kroz stavove organa. Radi toga je neophodno da se sprovodi takav postupak dogovaranja koji će obezbediti da politički dogovori na svim nivoima proističu iz neposredno izraženih mišljenja članstva. To podrazumeva dosledno ostvarivanje delegatskog principa u organizovanju i delovanju Socijalističkog saveza i svih organizacija u sastavu jedinstvenog fronta socijalističkih snaga.

V

OSNOVNE KARAKTERISTIKE I PRAVCI SAMOUPRAVNE AKCIJE

Samoupravno zadovoljavanje zajedničkih potreba čini, dakle, osnovni smisao samoupravne akcije u mesnoj zajednici. A pošto se ono zasniva na samoupravnom udruživanju rada i sredstava i zajedničkom raspolaganju udruženim sredstvima, time je u suštini određen i karakter akcije. Sve osnovne karakteristike samoupravne akcije proističu upravo iz prirode samoupravnih društveno-ekonomskih odnosa. One se uglavnom sastoje u sledećem.

a) Neposredni nosioci samoupravne akcije su svi zainteresovani subjekti. Zbog toga ona znači negaciju svakog posredništva. Celokupna organizacija samoupravljanja je u funkciji neposrednog angažovanja zainteresovanih subjekata na zadovoljavanju zajedničkih potreba. Samoupravna akcija predstavlja, dakle, organizovanu samoaktivnost članova samoupravne zajednice na rešavanju pitanja od zajedničkog interesa.

b) Zajednički interes upravo i čini pokretačku snagu samoupravne akcije. Otuda se ona zasniva na dobrovoljnom i samoinicijativnom udruživanju. Zainteresovani subjekti se udružuju radi zadovoljavanja potreba koje svaki za sebe ne može zadovoljavati. Bez takvog udruživanja dolazila bi u pitanje i individualna egzistencija, zbog čega je težnja za zajedništvom i svojstvena prirodi ljudskog bića. Pokretačka snaga samoupravne akcije leži, dakle, u njoj samoj, pa se ona odvija potpuno autohtono, bez oslanjanja na neku spoljašnju silu.

c) Pošto su sve ljudske potrebe organski povezane, njihovo zadovoljavanje je u suštini

141

nedeljivo. Otuda ne samo što samoupravna akcija po svojoj prirodi teži da se proširi na sve zajedničke potrebe, nego je to i neizostavna pretpostavka za dosledno ostvarivanje samoupravljanja. Ulogu samoupravne asocijacije mesna zajednica može do kraja ostvarivati samo u sastavu integralnog opštedruštvenog sistema samoupravljanja.

d) Reprodukcija ljudskog bića koja čini zajednički imenitelj svih ljudskih potreba ostvaruje se u samoupravnoj zajednici kao jedinstvo individualne i društvene reprodukcije, odakle upravo proističe i jedinstvo samoupravne akcije. Samoupravna akcija na zadovoljavanju neposrednih životnih potreba organski je povezana s akcijom na stvaranju odgovarajućih materijalnih i duhovnih pretpostavki. Zbog toga su mesna zajednica i osnovna organizacija udruženog rada samo različiti oblici jedinstvene aktivnosti na ostvarivanju samoupravne reprodukcije. A pošto su one osnovni oblici takve aktivnosti, iz njih se izvodi ceo sistem samoupravne organizacije društva.

e) Samoupravna akcija predstavlja sintezu celokupne aktivnosti na zadovoljavanju zajedničkih potreba. U njoj je upravljanje organski sjedinjeno s idejno-političkim delovanjem, jer ne samo što su njihovi nosioci isti subjekti, već samoupravljanje i po svojoj suštini sjedinjuje ekonomiku i politiku. Zbog toga mesna zajednica kao samoupravna asocijacija predstavlja neposrednu integraciju svih oblika organizovanog delovanja na svom području. Ona se na taj način javlja kao jedan od oblika odumiranja državne organizacije društva, putem kojeg se ostvaruje istorijski proces prevazilaženja nasleđenih klasnih suprotnosti.

S obzirom na izložene karakteristike, samoupravna akcija se ne može apriori identifikovati s ukupnom aktivnošću mesne zajednice. Ukoliko se ova aktivnost zasniva na administrativnoj koncentraciji sredstava, ona u suštini nema karakter samoupravne akcije. Zbog toga se za mesne zajednice koje su do sada delovale isključivo na bazi dotacija iz budžeta ne može reći da su delovale kao samoupravne asocijacije.

Izgleda na prvi pogled paradoksalno da se samoupravna akcija počela najpre razvijati u zaostalijim sredinama. Svi elementi analize ukazuju, međutim, na zakonitost ove pojave. Samoupravna akcija se najpre pojavila na tačkama gde je angažovanje države na zadovoljavanju zajedničkih potreba građana bilo relativno najslabije. Ona se od samog početka pokazala ne samo kao najmoćnija snaga ubrzanog razvoja, već i kao jedini pravi put za prevazilaženje nasleđenih razlika u stepenu razvijenosti društvenog standarda.

Zahvaljujući tome, samoupravna akcija je nastala i razvijala se kao istorijska negacija društvene uloge državnog aparata u zadovoljavanju zajedničkih potreba. Zbog toga je razumljivo što se ona nalazila u permanentnom sukobu s etatističkim tendencijama. Slobodna razmena i samoupravno udruživanje rada mogu se vršiti samo na račun njegovog razotuđivanja, čime se iz temelja ruši državna organizacija društva.

Ustav iz 1974. je slobodnu razmenu i samoupravno udruživanje rada ozakonio kao osnovu društvenog sistema. Time su stvorene institucionalne pretpostavke za razvoj integralnog samoupravljanja i samoupravne akcije kao jedinstvenog opštedruštvenog pokreta. Ali, samoupravne institucije ne obezbeđuju automatski razvoj samoupravnih odnosa. Da bi se ustavni principi ostvarivali, neophodna je stalna borba za razvijanje ovih odnosa, što upravo i čini okosnicu samoupravne akcije.

Zbog toga je samoupravna akcija po svojoj prirodi revolucionarna. Samoupravljanje je nemoguće preko noći uspostaviti. Ono se može ostvarivati samo stalnim razvijanjem do potpunog prevazilaženja klasnih odnosa, a time i do definitivnog odumiranja svakog upravljanja. Otuda se protivrečnost između dostignutog stepena samoupravljanja i tendencija njegovog daljeg razvoja razrešava samom samoupravnom akcijom, čiji su nosioci permanentno zainteresovani za prevazilaženje postojećeg stanja.

Organizovana akcija za permanentno razvijanje samoupravljanja jedini je put za prevladavanje tendencija reprodukovanja etatističkih odnosa. Svaki zastoj u razvoju samoupravljanja već sam po sebi doprinosi jačanju ovih tendencija. Zbog toga samoupravna akcija mora u suštini predstavljati svojevrsnu permanentnu revoluciju. To podrazumeva da su njeni osnovni pravci usmereni na stalno prevazilaženje etatističkih kroz razvijanje samoupravnih odnosa.

1. Iz svega što je dosad rečeno proističe da težište samoupravne akcije u mesnoj zajednici mora biti na samoupravnom udruživanju sredstava za zajedničke potrebe i zajedničkom raspolaganju tako udruženim sredstvima. To istovremeno podrazumeva prevazilaženje administrativne koncentracije i posredničkog raspolaganja tako koncentrisanim sredstvima. Prelaz s administrativne na samoupravnu koncentraciju vrši se stalnim sužavanjem prve za račun širenje druge, u kvantitativnom, i zamenjivanjem državnog posredništva samoupravnim sporazumevanjem, u kvalitativnom pogledu.

2. S obzirom da se samoupravno udruživanje sredstava i zajedničko raspolaganje njima može vršiti samo direktnim dogovaranjem zainteresovanih subjekata, samoupravna akcija mora biti usmerena na prevazilaženje posredničkog i razvijanje neposrednog odlučivanja. Pravi put za to je u stalnom jačanju uloge neposrednog izjašnjavanja zainteresovanih subjekata, tako da sve veći broj samoupravljača odlučuje o sve širem krugu pitanja od zajedničkog interesa.

3. Da bi mesna zajednica delovala kao integralni deo opštedruštvene zajednice samoupravljanja, neophodno je dosledno funkcionisanje delegatskog sistema, koje će obezbediti da se odluke u svim oblastima i na svim nivoima samoupravnog dogovaranja zasnivaju na neposredno izraženim opredeljenjima građana. Pridržavanje instrukcija deleganata od strane delegacija i delegata jedini je način da se to postigne, što podrazumeva da se delegati neposredno izjašnjavaju o predlozima odluka. S obzirom da dosledno funkcionisanje delegatskog sistema ukida svaki monopol na odlučivanje, ono mora dolaziti u sukob s tendencijama zadržavanja predstavničke demokratije.

4. Kao samoupravna asocijacija, mesna zajednica se mora razvijati u pravcu sve veće diferencijacije i istovremeno sve čvršće integracije interesnog organizovanja. Takav pravac razvoja određen je, s jedne strane, potrebom samoupravnog ostvarivanja različitih interesa, i s druge strane, neminovnošću zajedničkog razrešavanja protivrečnosti koje se među tim interesima mogu javljati. Zbog toga i samoupravna akcija u mesnoj zajednici mora biti maksimalno razuđena i u isto vreme potpuno jedinstvena da bi ostvarivala svoju funkciju. To je pravi put za prevladavanje i partikularističkih i centralističkih tendencija koje se javljaju pri ostvarivanju različitih interesa.

5. Činjenica da se samoupravna akcija odvija kroz borbu s nesamoupravnim tendencijama ukazuje na neophodnost intenziviranja i objedinjavanja idejno-političke aktivnosti svih socijalističkih snaga. Idejno-političko i akciono povezivanje ovih snaga u mesnoj zajednici je uslov stvaranja jedinstvenog samoupravnog pokreta u celom društvu. A bez frontalne borbe socijalističkih snaga u celom društvu ni samoupravna akcija u mesnoj zajednici ne može davati odgovarajuće rezultate.

VI | SELEKTIVNA LITERATURA

LITERATURA

1. Deseti kongres SKJ, *Komunist 1974.*
2. Drugi kongres samoupravljača, Beograd 1970.
3. Ustav SFRJ 1974.
4. Zakon o udruženom radu 1976.
5. Zakon o samoupravnom planiranju 1976.
6. Dopisni seminar o mesnim zajednicama u 12 sveza-ka izdavač NP *Porodica i domaćinstvo,* Zagreb — Beograd, I kolo 1967/68 i II kolo 1973/74.
7. *Kardelj Edvard i dr.:* »Cjeloviti sistem samoupravnog sporazumevanja i društvenog dogovaranja u komuni« I, Zagreb — Beograd, *Porodica i domaćinstvo,* 1971.
8. »Cjeloviti sistem samoupravnog sporazumevanja i društvenog dogovaranja u komuni« II, Zagreb, *Porodica i domaćinstvo,* 1972.
9. *Hrženjak Juraj:* »Mjesna zajednica«, Globus, Zagreb, 1974.
10. *Ilić Aleksandar:* »Organizacija naselja i mesne zajednice«, Beograd, *Ekonomski biro,* 1966.
11. *Robert Kramer:* »Petogodišnji plan akcija mesnih zajednica u svetlu ustavnih promjena, stavova drugog kongresa samoupravljača i pisma Predsjednika SKJ i Izvršnog biroa Predsjedništva SKJ«, Zagreb — Beograd, *Porodica i domaćinstvo,* 1973.
12. *Radivoje Marinković:* »Samoupravne mesne i interesne zajednice i komuna u sistemu samoupravne organizacije našeg društva«, Beograd, Institut za političke studije FPN, Beograd, 1973.
13. *Bogoljub Pavlović:* »Programiranje i planiranje — deo samoupravnog odlučivanja«, Zagreb, *Porodica i domaćinstvo,* 1972.
14. *Šturanović Radovan i Josipović Dušan:* »Mesna zajednica i delegatski sistem«, biblioteka Obrazovanje za samoupravljanje, 1974.

Likovno rešenje:
LADISLAV BATORI

Lektor:
STJEPAN RATKAJEC

Štampano u 4000 primeraka

Oslobođeno od svih
poreza na promet

Štampa: »BIROGRAFIKA«, Subotica

www.ingramcontent.com/pod-product-compliance
Lightning Source LLC
Chambersburg PA
CBHW060518290526
45791CB00001B/445